नवेद-ए-सबा

(ग़ज़ल-संग्रह)

नवेद-ए-सबा

सैयद महताब हैदर

लिप्यन्तरण

शाहिद जमाल

Anybook

Published By

Anybook

Cell : 9971698930

E-mail : contactanybook@gmail.com

Website : www.anybookpublications.com

Price in India : 225/- INR

First published by Anybook in 2023

Printed and bound in India

Cover, Design & Typesetting by Anybook

ISBN : 978-93-91571-36-8

समर्पण

हज़रत सैयद सुल्तान मुहम्मद आरिफ़ अली शाह
की
बेपनाह शफ़क़तों के नाम

पेश-लफ़्ज़

सैयद महताब हैदर सफ़ीपुरी की दाश्त-ओ-पर्दाख़्त चूँकि ख़ानक़ाही निज़ाम के ज़ेर-ए-असर हुई है। इसीलिए उनके कलाम में हुस्न-ओ-इश्क़, राज़-ओ-नियाज़, हिज्र-ओ-वसाल और शौक़-ओ-इंतज़ार के मौज़ू'आत के साथ-साथ वो तमाम आ'ला-ओ-अर्फ़ा इंसानी क़द्रें जो उर्दू शायरी को इस निज़ाम की देन हैं, उभर कर हमारे सामने आती हैं। और वो शराफ़त-ए-नफ़्स और तहज़ीबी रवय्ये का इज़्हार होता है जो उर्दू शायरी ग़ज़ल की रेज़ा-ख़याली से फ़ायदा उठाकर अभी तक अपने सीने से लगाये हुए है और सच्ची बात यही है कि हम जद्दी शेरी रुजहानात के ज़ेर-ए-असर ग़ज़ल के दामन को चाहे जितना वसीअ करें मगर वो बुनियाद जिस पर आज की ग़ज़ल का ताज महल खड़ा है वो वही है जो हमारे बुज़ुर्गों ने ख़ानक़ाहों और दीवान-ख़ानों में मुज़य्यन किया था और नस्लन बाद नस्लिन सैयद महताब हैदर तक मुंतक़िल होकर आया है। एक ऐसे दौर में जब क़दम-क़दम पर पुरानी क़द्रों की शिकस्त-ओ-रेख़्त हो रही हो और पुराने तहज़ीबी ढाँचे दरक रहे हों, ये कम सआदत की बात नहीं है कि कोई शायर इसको अपने गले से लगाये हुए है और अपनी शायरी के निगारख़ाने को रिवायत के सनमकदों के नूर और माज़ी के मुक़द्दस आतिशख़ानों की आँच से मुनव्वर करके ख़ूब से ख़ूबतर की जानिब अपना सफ़र जारी रखे हुए है। और उन क़द्रों की बाज़याफ़्त कर रहा है जिन्हें हर दौर में आला इंसानी क़द्रों के नाम से मंसूब किया गया है।

इसमें कोई शक नहीं कि दौर-ए-हाज़िर में ग़ज़ल नये रुजहानात और अफ़्कार-ओ-ख़यालात की तर्जुमानी बनती चली जा रही है, मगर इससे बड़ा एक सच ये भी है और अटल हक़ीक़त है कि उर्दू ग़ज़ल जिन बुनियादों पर आज क़बाएँ तामीर कर रही है, वो वही है जिनकी तर्जुमानी महताब हैदर के कलाम में होती है। और अगर ये बुनियाद ही कमज़ोर पड़ जाये तो हम तरक़्क़ीपसंदी, जदीदियत और माबाद जदीदियत से मुतास्सिर होकर ग़ज़ल की शिकस्त-ओ-रेख़्त को क़ुबूल भी कर लें, मगर ग़ज़ल को ग़ज़ल कहने के लिए जिन अनासिर-ए-तरकीबी की ज़रूरत होगी वो वही होगी जो ख़ानक़ाहों और दीवानख़ानों से

होती हुई महताब हैदर तक पहुँची है। माज़ी के असासे को बरक़रार रखना बज़ात-ए-ख़ुद एक सआदत है जो शोअरा ये काम कर रहे हैं वो हमारे लिए तबरीक के मुस्तहिक़ हैं।

मैं दिल की गहराइयों से महताब हैदर को उनकी पहली पेशकश पर मुबारकबाद देता हूँ और उम्मीद करता हूँ की उनका अदबी सफ़र ख़ूब से ख़ूबतर की जानिब जारी रहेगा।

प्रो. मलिकज़ादा मंज़ूर अहमद

कंचन बिहारी मार्ग, लखनऊ

नवेद-ए-सबा

अवध के क़स्बात, जो अब छोटे-छोटे शहरों की शक्ल इख़्तियार कर चुके हैं, की ख़िदमात उर्दू की मजमूई तरक़्क़ी, तरवीज-ओ-इशाअत में बहुत मुआविन रहे हैं। उन क़स्बात में जायस, संडीला, सलोन, रुदौली, बिलग्राम, बाराबंकी, बलरामपुर के साथ-साथ क़स्बा सफ़ीपुर भी बहुत अहमियत का हामिल रहा है। मुंदरिजा बाला बस्तियाँ वो क़स्बात हैं जहाँ की ख़ाक से बहुत से कामिलीन-ए-फ़न उठे हैं। उन्हें उर्दू की तारीख़ मुरत्तब करते वक़्त नज़रअंदाज़ नहीं किया जा सकता यहाँ के उलमा, अस्फ़िया, शो'रा और अदबा अपनी मिसाल आप हैं। इस सिलसिले में सफ़ीपुर ख़ुसूसी अहमियत का हामिल है। कि ये क़स्बा मशहूर सूफ़ी बुज़ुर्ग हज़रत मख़्दूम सफ़ीपुरी की ज़ात-ए-गिरामी का मस्कन होने की वजह से इंसानियत और रवादारी की तबलीग़ का मरकज़ रहा है। सफ़ीपुर के सिलसिले के बहुत से बुज़ुर्ग ख़ुद भी बहुत अच्छे शायर और अदीब थे जिन में हज़रत ख़लील मियाँ और मुंशी विलायत अली शाह वग़ैरह का नाम शायरी के हवाले से अहमियत का हामिल है। इन बुज़ुर्गों ने हम्द–ओ-नात-ओ-मनक़बत का बेशबहा ख़ज़ाना उर्दू अदब को दिया। उनके कलाम यहाँ के आस्तानों पर आज भी मुशाइरों और महफ़िल-ए-समा में ख़ूब पढ़े और सुने जाते हैं। माज़ी क़रीब में इसी सरज़मीन पर इक़बाल सफ़ीपुरी ने भी आँखें खोलीं। जिनका नाम मुशाइरों के हवाले से हिंदुस्तान और पाकिस्तान में बेहद मशहूर-ओ-मक़बूल रहा है।

यहीं की ख़ाक से सैयद महताब हैदर भी उठे। यहीं की रूहानी फ़ज़ा में इनका बचपन गुज़रा। और यहीं की महफ़िल-ए-समा ने उनका ज़ेहन शायरी की तरफ़ माइल कर दिया। अब महफ़िल-ए-समा नातिया और बहारिया शायरी उनकी शख़्सियत का हिस्सा बन चुके हैं। उन्होंने पिछली दहाई से कुलहिंद मुशाइरों में शिरकत का आग़ाज़ किया। अपने इख़्लास, शेर पढ़ने के वालिहाना अंदाज़ और मेयारी अशआर की वजह से देखते-देखते मुशाइरों के कामयाब और अहम शायर के तौर पर मशहूर हो गये। मेरी इस बात से हर वो शख़्स ज़रूर मुत्तफ़िक़ होगा जिसे किसी निशस्त या मुशाइरा में महताब हैदर सफ़ीपुरी को सुनने का इत्तेफ़ाक़ हुआ होगा।

मुझे बेहद मसर्रत का एहसास हो रहा है कि उनका मजमू'आ-ए-कलाम "नवेद-ए-सबा" के नाम से शाए होने जा रहा है। उम्दा शायरी के शाइक़ीन जो अभी तक उनके अशआर सुनकर मुशा'इरा में लुत्फ़-अंदोज़ हुआ करते

थे। अब उनके मजमू'आ-ए-कलाम को पढ़कर लुत्फ़-अंदोज़ हो सकेंगे। सैयद महताब हैदर मुअर्रख़ा 25 जुलाई 1961 को सफ़ीपुर यू.पी. में एक ज़मींदार ख़ानदान में तवल्लुद हुए। उनके वालिद का नाम सैयद हैदर (नीर मियाँ), सैयद नदीम हैदर और सैयद आफ़ताब हैदर ये तीनों साहिबान सैयद महताब हैदर के बरादर-ए-कलाँ हैं। चारों भाइयों में एक बहन सय्यदा नजमुन्निसा (चाँद बीबी) हैं। माशाअल्लाह। सब के सब आला तालीम-याफ़्ता और शेर-ओ-अदब के दिलदादा हैं। उनके बड़े भाई सैयद नदीम हैदर अदबी महफ़िलों की जान समझे जाते हैं। उनके दूसरे भाई सैयद आफ़ताब हैदर को बेशुमार उम्दा और बर-महल अशआर अज़्बर हैं। जिन्हें वो दौरान-ए-गुफ़्तुगू पेश करते हैं। उन ख़ानदानी बातों को बताने का मक़सद ये है कि सैयद महताब हैदर ख़ुदरौ पौधे जैसे नहीं हैं, बल्कि शायरी और अदबी माहौल के परवरदा हैं। उन्हें बचपन से ऐसा माहौल मिला जहाँ ख़ुलूस, आला ज़र्फ़ी, बुज़ुर्गों का एहतिराम, समाजी रवादारी और मज़हबी मिलान-ओ-रुजहान का बोल-बाला था। इसी माहौल में उनकी शायरी परवान चढ़ी। ज़ौक़-ए-समा में बचपन से अस्फ़िया-ए-कराम के कलाम को सुनने और उन्हें अज़्बर करने का मौक़ा फ़राहम हुआ। यहीं से उनकी शेरफ़हमी और शेरगोई का आग़ाज़ हुआ। इब्तिदाई तालीम सफ़ीपुर में हुई। फिर उन्नाव में तालीम हासिल की और कानपुर यूनिवर्सिटी से पोस्ट-ग्रेजुएशन किया। आज कल लखनऊ में पोस्टेड हैं। और लखनऊ में मुस्तक़िल सुकूनत इख़्तियार किये हुए हैं। माशाअल्लाह ज़ियारत-ए-हरमैन-शरीफ़ैन से मुशर्रफ़ हो चुके हैं। ये शरफ़ उनको दरगाह ख़्वाजा मुईनुद्दीन चिश्ती के मुशाइरे में हासिल-ए-मुशाइरा कलाम पेश करने की वजह से अता हुआ था।

उनका शेरी मजमूआ 'नवेद-ए-सबा' हम्द, नात, मनक़बत, ग़ज़ल, गीत और क़तआत पर मुश्तमिल है। चूँकि ज़ूदगो हैं इसलिए उनका पहला मजमूआ ही काफ़ी ज़ख़ीम है। चूँकि बुज़ुर्गों की आँखें देखे हुए हैं इसलिए ज़बान-ओ-बयान पर क़ुदरत हासिल है। मुशाइरों से इनका ज़ियादा साबिक़ा रहता है। इसलिए इनके यहाँ असरी आगही और ज़बान की सलासत की कारफ़रमाई ज़ियादा नज़र आती है, मगर कहीं पर आमियाना मज़ामीन का गुज़र नहीं होने पाया। हस्ब-ए-रिवायत इनके मजमूआ की इब्तिदा भी हम्द-ए-बारी-तआला से हुई है। इनके ये अशआर क़ारी को मुतास्सिर किये बग़ैर नहीं रहेंगे-

है उसकी शान निराली करिश्मे हैं उसके
जिदार पानी की पानी में डाल देता है

किसी की आँखों को देता है लज़्ज़त-ए-दीदार
किसी को हुस्न जो वो बे-मिसाल देता है
उसी ने क़ुव्वत-ए-गोयाई की अता महताब
वही दिमाग़ को अच्छे ख़याल देता है

मुंदरिजा बाला शे'र महताब हैदर के ख़ल्लाक़ाना ज़ेहन की तर्जुमानी कर रहा है। उनका मुतज़क्किरा शेर क़ुरआन के ऐलान की बाज़गश्त है। पानी की जिदार (दीवार) पानी में खड़ी कर देना क़ादिर-ए-मुतलक़ का ही कमाल है। किसी और को ये क़ुदरत नहीं हासिल है।

नात और मनक़बत के मैदानों से भी वो बड़ी एहतियात से गुज़र जाते हैं मगर नये-नये ज़ाविये की तलाश जारी रखते हैं। नात का ये शेर मुलाहिज़ा हो। जहाँ शायर क़यामत जल्द आने की तमन्ना करता है मगर नेक मक़सद के साथ। दूसरा शेर महताब हैदर के वसी' मज़हबी मुताल'अ की ग़म्माज़ी करता है। ये मज़मून वही नज़्म कर सकता है जिसे हज़रत अली रज़ियल्लाहु-तआला अनहू की विलादत, उनका आँखें ना खोलना, हुज़ूर सल्लल्लाहु अलेही वसल्लम का तशरीफ़ लाना और सरकार-ए-काएनात के आग़ोश में लेते ही शीरख़्वार हज़रत अली रज़िअल्लाहु-तआला अनहू का आँखें खोल देना वग़ैरा का इल्म हासिल हो।

हम मुंतज़िर हैं रोज़-ए-क़यामत के इसलिए
हमको रसूल-ए-पाक का दीदार चाहिए
आँखें खुलें तो रूए-मुबारक हो सामने
हैदर-सा कोई उनका तलबगार चाहिए

बुज़ुर्गों का कहना है कि 'तसव्वुर बराए शेर गुफ़्तन ख़ूब अस्त" मगर आज कल सर्फ़िय्यत, माद्दापरस्ती और सतही अंदाज़-ए-फ़िक्र ने लोगों को तसव्वुफ़ से दूर कर दिया है। चूँकि महताब हैदर की नश्वो-नुमा सूफ़ियाना माहौल में हुई है इसलिए उनके कलाम में तसव्वुफ़ के अनासिर जा-ब-जा देखने को मिलते है। ये शेर मारिफ़त-ए-इलाही, इंसान-दोस्ती, तवक्कुल-अलल्लाह, कस्रनफ़ी, आला-क़द्र और इत्तिहाद बैन-उल-मज़ाहिब की तर्जुमानी करते हैं। यही वतीरा हमारे सूफ़िया-ए-किराम का रहा है। इसी की बदौलत हिंदुस्तान में इस्लाम को बेहद मक़बूलियत हासिल हुई-

ख़ुदा का नाम लेने से मुसीबत जाती रहती है
ग़ुरूर आ जाये दिल में तो इबादत जाती रहती है

लिख दिया उसने जो क़िस्मत में यहाँ होगा वही
आने वाले किसी तूफ़ान से डरना कैसा

सारी दुनिया से दूर हो जाओ
ज़िंदगी उसकी जुस्तजू हो जाये

दिन है उसका ये रात उसकी है
दहर क्या काएनात उसकी है

'नवेद-ए-सबा' में जगह-जगह ऐसे अशआर नज़र आ जाते हैं जिनके मुताल'अ से ताज़ा कारी का एहसास होता है। महताब हैदर ने क्लासिकल शायरी की इब्तिदा तो की है मगर कोशिश की है कि उनका कलाम ताज़ा अफ़्कार-ओ-ख़यालात से भी मुज़य्यन हो। उनके कलाम में रवानी और बर-जस्तगी का हसीन मंज़र देखने को मिलता है-

ये उन्हीं पे मुनहसिर है ये उन्हीं पे मैंने छोड़ा
वो मिले तो मेहरबानी न मिले तो मेहरबानी
ये क़ज़ा के ज़िक्र से क्यों तिरी रूह काँपती है
तिरी ज़िंदगी तो ख़ुद है तिरी मौत की निशानी
मिरे लब पे ज़िक्र तेरा, तिरे लब पे ज़िक्र मेरा
मैं सुनूँ तिरी ज़बानी, तू सुने मिरी ज़बानी

मुद्दतों बाद नींद आयी थी
मुद्दतों बाद ख़्वाब टूटा था

मैंने खाये हैं बे-हिसाब फ़रेब
दिल मिरा बे हिसाब टूटा है

महताब हैदर को ज़बान-ओ-बयान पर दस्तरस हासिल है। उन्होंने

मुश्किल क़वाफ़ी में भी ख़ूब अशआर निकाले हैं। ये कुव्वत-ए-कलाम आइंदा उनकी शायरी के बेहतर मंज़रनामे की ख़बर देती है। हम उनकी आइंदा शायरी से बेहतर तवक़्क़ुआत वाबस्ता कर सकते हैं-

दिल की चाहत कि हमा-वक़्त रहे उनके क़रीब
और वो हैं कि मुलाक़ात में हद चाहते हैं
अपने लब अपना दहन अपनी ज़बाँ पाक करें
जो ज़माने में बड़ा मंसब-ओ-क़द चाहते हैं
मैंने खाये हैं हर इक गाम पे दानिस्ता फ़रेब
तब कहीं जाके मुझे दीदावरी आयी है
याद में उनकी ये पलकों का झपकना कैसा
कौन कहता है तुझे मुंतज़री आयी है

दीदावरों ने शायरी की एक ख़ुसूसियत ये भी बतायी है कि इससे आला क़द्र की तरफ़ माद्द-ए-रुज्हान का माद्दा पैदा हुआ है। यही रुज्हान हमें इंसानियत की राह दिखाता है। इंसान को इंसान समझने की सलाहियत अता करता है-

बिछाकर जाल बोली बोलते हैं वो परिंदों की
शिकारी हम भी हैं लेकिन रियाकारी नहीं करते
हमारा जिस क़द्र नुक़सान ऐ महताब हो जाये
मगर हम लोग अपनों की दिल आज़ारी नहीं करते

ग़रीबों और यतीमों के लहू की जिसमें बू आये
हम अपनी ठोकरों पर वो दफ़ीने छोड़ देते हैं

महताब हैदर यूँ तो मुशाइरों के शायर हैं। जहाँ ख़ालिस तग़ज़्ज़ुल आज कल ख़ाल-ख़ाल नज़र आता है। जो शोरा बेहतर ग़ज़ल कहने पर क़ादिर और कामयाब हैं उन्हें भी ऐसे अशआर अवामी मुशाइरों में सुनने में हिचक महसूस होती है। जो ख़ालिस ग़ज़ल के अशआर कहे जाते हैं। जिनमें जज़्बात और एहसासात की फ़रावानी भी हो और मफ़ाहीम में गहराई और गीराई भी। वजह\ वज्ह साफ़ है कि आजकल के आम सामईन एहसासात-ओ-महसूसात और

इशारात-ओ-किनायात की समझ कम रखते हैं। उन्हें इकहरी शायरी ही समझ में आती है। गहराई और गीराई में उतरना आजकल के सामईन के बस में नहीं रहा है। फिर भी महताब हैदर न सिर्फ़ ग़ज़ल के अशआर बख़ूबी कहते हैं, बल्कि उन्हें हिम्मत के साथ अवाम में पेश कर देते हैं। उन्हें इस बात की कम परवाह होती है कि आइंदा साल कन्वीनर फिर उन्हें दावत-ए-शिरकत देगा या नहीं। इसी ज़िम्न में ग़ज़ल के चंद अशआर मुलाहिज़ा फ़रमाइए। जिनमें माशूक़ और माँ दोनों की मुहब्बत का एहसास शामिल है-

कभी ख़यालों में नीम-शब जो महक उठी है वही ग़ज़ल है
कभी जो ख़ल्वत में अपने दिल की सदा सुनी है वही ग़ज़ल है
हो ठण्डी-ठण्डी सी छाँव जैसे वो झूला बाँहों का नाओ जैसे
वो माँ जो बच्चे को अपने लोरी सुना रही है वही ग़ज़ल है

दफ़अतन आ गया फिर अहदे-गुज़िश्ता का ख़याल
उसने इक बार मिरी सिम्त जो मुड़कर देखा
आज कुछ ख़ास है शायद तिरी महफ़िल महताब
आइना उसने कई बार सँवरकर देखा

जहाँ तक सिन्फ़े-ए-सुख़न का मुआमला है। महताब हैदर की ख़ास पसंद ग़ज़ल ही है। उन्होंने क़तआत और गीत के मैदानों में भी अपने क़दमों के वाज़ेह निशानात बनाये हैं। ख़ास तौर पर उनके क़तआत में असरी आगाही का मंज़र बहुत साफ़ नज़र आता है। इन क़तआत में ज़बान का लुत्फ़ तो है ही, साथ-साथ सियासी गुफ़्तगू का पैराया भी शामिल है। इनमें आला ज़र्फ़ी शुस्ता मिज़ाजी, टोपी, ताज, हक़-ओ-बातिल, वतन की अज़मत-ओ-मुहब्बत का साया, थैली, मज़दूरों का पसीना और उनके पाँव के छाले, हक़-ओ-हलाल के निवाले, मुफ़्लिसी-ओ-ज़रदारी, पेशावर मज़हबी रहनुमा, उनका तिजारती अंदाज़, कृष्ण की बाँसुरी, मीरा का भजन, हुस्न-ए-रुख़-ए-यार, सियासत की तबाह-कारियाँ, मस्जिद, शिवाला, क़रार और बेक़रारी, सारी चीज़ों की बहुत साफ़ तस्वीर नज़र आती है। उनमें न कहीं उलझावे न अटकाव, बस साफ़ और हक़ की बात रौशन है। चंद क़तआत मुलाहिज़ा हों-

वो क़िस्से भूल जाते हैं कहानी भूल जाते हैं
ग़ज़ल कहते हैं अल्फ़ाज़-ओ-मआनी भूल जाते हैं
जहाँ से इब्तिदा की थी वहीं से रोज़ पढ़ते हैं
किताब-ए-इश्क़ में रखना निशानी भूल जाते हैं
हमारे बीच जब आती है हमको बाँट जाती है
सियासत डालती है खाई रस्ता काट जाती है
तअस्सुब और नफ़रत से हमेशा दूर ही रहना
ये वो दीमक है जो हर ज़ेहन-ओ-दिल को चाट जाती है

मुंदरिजा बाला गुफ़्तगू से 'नवेद-ए-सबा' के बारे में जो मजमूई तअस्सुर उभरकर सामने आता है इस सिलसिले में हम कह सकते हैं कि शायर का ये पहला मजमूआ होने के बावुजूद फ़न्नी अस्क़ाम से पाक है। इस मजमू'आ में कहीं भी ना तो इब्तिज़ाल का शाइबा है और ना ही मोहमल-गोई का स्याह साया। इसकी ज़बान साफ़ और शुस्ता है। अशआर तग़ज़्ज़ुल की चाशनी, असरी आगाही का मंज़र नामा और तसव्वुफ़ की पाकीज़गी लिये हुए है। "नवेद-ए-सबा" महताब हैदर की शायरी का नक़्श-ए-अव्वल है और बहुत रौशन है। मैं उनसे मुस्तक़बिल में और भी उम्दा शायरी की तवक़्क़ु'आत रखने में अपने को हक़-बजानिब समझता हूँ।

फ़ारूक़ जायसी
402, संगीता अपार्टमेंट,
14/59 सिविल लाइन, कानपुर।

उसे मरहूम लिखना पड़ रहा है

अपनी आँखों को न मलिए साहिब
ख़्वाबे-ग़फ़लत से निकलिए साहिब
इससे पहले की फ़रिश्ते कह दें
ज़िंदगी ख़त्म है चलिए साहिब

“नवेद-ए-सबा” का मुसव्वदा मेरे सामने है जिसे हर्फ़-हर्फ़ पढ़ते हुए जब इस क़ि'तअ पर नज़र पड़ी तो इसके चौथे मिसरे ने एहसास को झिंझोड़ कर रख दिया और मुझे असरार-उल-हक़ 'मजाज़' के चार मिसरे बेसाख़्ता याद आ गये जो उन्होंने अपनी मौत से तीन रातें क़ब्ल देहरादून के मुशाइरे में पढ़े थे जो अब तारीख़ का हिस्सा हैं-

ज़िंदगी साज़ दे रही है मुझे
सह्‌-ओ-एजाज़ दे रही है मुझे
और बहुत दूर आसमानों से
मौत आवाज़ दे रही है मुझे

अपनी मौत से क़ब्ल शायद कोई एहसास बेदार होता है जो इंसान के दिल और दिमाग़ में अलार्म की तरह बज उठता है और कुछ ऐसा ही एहसास सय्यद महताब हैदर सफ़ीपुरी के मुंदरिजा बाला मिसरों से भी पैदा हो रहा है।

'नवेद-ए-सबा' महताब हैदर का वो ख़्वाब है जो उनकी ज़िंदगी में शर्मिंदा-ए-ताबीर न हो सका और वो इस ख़ुशी से महरूम इस दुनिया से रुख़सत हो गये। गुज़िश्ता 20 अप्रैल 2021 वो तारीख़ थी जब कोरोना की दूसरी वबाई लहर का शिकार होकर वो हम सबसे मुँह मोड़ गये और अपनी यादों का एक ऐसा

तवील सिलसिला छोड़ गये जिसमें मसर्रत-ओ-यास के मुख़्तलिफ़ रंग कभी फीके नहीं पड़ेंगे।

अपने मिज़ाज, अपनी फ़ितरत, अपने अंदाज़-ए-मुहब्बत, अपने इंतहाई पुरख़ुलूस अंदाज़-ए-तख़ातुब, अपनी नेक-सीरती, अपने वालिहानापन और तअल्लुक़ को निभाने का जो सलीक़ा उनमें था उसकी छाप से उनके विसाल के तक़रीबन एक बरस बाद भी उनकी मौजूदगी का एक ख़ुशगवार एहसास उन्हें मरहूम कहने की इजाज़त नहीं देता और ये लफ़्ज़ कहते हुए कलेजा मुँह को आ जाता है।

सूफ़ी-मिज़ाज और क़लंदरसिफ़त महताब हैदर अपनों पर जान छिड़कने वाले अंदाज़ से जी रहे थे, बल्कि आलम-ए-इंसानियत और समाज की नाहमवारियों पर रेशा-दवानियों के दुःख ने भी उन्हें बेहद हस्सास बना दिया था।

चार भाइयों में सबसे छोटे और अपनी इकलौती बहन के बड़े भाई के अलावा वो एक सादामिज़ाज शौहर और दो बेटों के शफ़ीक़ बाप का किरदार जिस हुस्न-ए-ख़ूबी से निभा रहे थे उसकी शाहिद मेरी आँखें, मेरा मुशाहदा और मेरे तज्रिबात भी हैं। वो जिस हद तक मेरे क़रीब और मुझसे वाबस्ता रहे उसका बयान लफ़्ज़ों में मुमकिन नहीं है।

उनकी इकलौती बहन कैंसर जैसे मूज़ी मरज़ में मुब्तिला होकर कई बरस अज़ीयतनाक ज़िंदगी गुज़ारती हुई अपने इंतिक़ाल से क़ब्ल जब लखनऊ में अपने भाई की मुहब्बत और शफ़क़त के साये में थीं, उस दौर में मैंने उनकी क़ल्बी कैफ़ियत बैचैनी और ग़म की शिद्दत को देखा और महसूस किया है जिसने उन्हें अंदर से तोड़कर रख दिया था।

उनका वतन और जा-ए-पैदाइश मदीनत-उल-औलिया कहा जानेवाला क़स्बा सफ़ीपुर है और इस दयार से बुज़ुर्गान-ए-दीन की जो निस्बतें रही हैं उनके असरात उनके घर-आँगन तक जल्वा-फ़िगन थे और उन्हीं के सबब उनमें इश्क़-ए-सरकार-ए-दो-आलम सल्लल्लाहु अलैहिवसल्लम के साथ इश्क़-ए-अहल-ए-बैत अत्हार, सूफ़िया, औलिया और बुज़ुर्गान-ए-दीन से लगाव रचा-बसा था।

ख़ानक़ाही निज़ाम-ए-हयात के असरात उनकी ज़िंदगी में फ़ितरी तौर पर तो थे ही, लेकिन मजगवाँ शरीफ़ के सुल्तान आरिफ़ अली शाह रहमतुल्लाह अलैहि (भैया) से उनकी बराह-ए-रास्त वाबस्तगी ने उन्हें इस रंग में मुकम्मल तौर पर ढाल दिया था। उन्हीं असरात के सबब नात-ओ-मनक़बत से उन्हें ख़ुसूसी शग़फ़ था।

ख़्वाजा ग़रीबनवाज़ अजमेरी रहमतुल्लाह अलैहि के आस्ताने पर बेहतरीन मनक़बत पेश करने के सबब वहाँ की कमेटी ने सन 2012 में उमरा करने का सफ़र-ख़र्च इनआम के तौर पर पेश करके उनकी सलाहियतों का एतिराफ़ भी किया था और उन्हें बारगाह-ए-रिसालत मआब सल्लल्लाहु अलैहिवसल्लम तक रसाई का मौक़ा भी फ़राहम किया था, जो हर मोमिन की तरह उनका एक ख़्वाब एक आरज़ू की शक्ल में उनके दिल और इक-इक साँस में तड़प बनकर जी रहा था।

गुज़िश्ता दस-ग्यारह बरस का अर्सा मुझसे उनकी क़ुर्बत का शाहिद है उनके लगाव और मुहब्बत का ये आलम था कि जिस लम्हे वो कोई शे'र कहते उसी लम्हे फ़ोन पर मुझे सुनाना उनके मामू'लात में दाख़िल था।

अपने सभी अहबाब से टेलीफ़ोनिक राब्ता उनका शौक़ था और मुल्क के गोशे-गोशे में उनके अहबाब की कसीर तादाद थी। एक बहुत अहम बात जो मैंने देखी वो शेरगोई में उनकी मुश्किलपसंदी और दक़ीक़ अल्फ़ाज़ की तलाश थी और इसके लिये वो लुग़त से अल्फ़ाज़ तलाश करके उन्हें शेरी-ए-पैकर में ढालने का जुनून की हद तक शौक़ रखते थे जिसके नतीजे में 'संग में किर्म को, आतिश में समन्दर को हयात' जैसे मिसरे वुजूद में लाकर सामे और क़ारी को अंगुश्त बदंदाँ करके आसूदगी और लज़्ज़त का एक अजीब-सा एहसास उनके चेहरे से अयाँ होता था।

मैंने उनका इन्हिमाक उनका शौक़ और ज़ौक देखा है कि ग़ज़ल को क्लासिकी हुस्न और रिवायती क़द्रों के साथ कहने में उन्होंने अल्फ़ाज़ की बंदिश, शाइस्तगी, संजीदगी और लिसानी अज़मत-ओ-वक़ार का जिस अंदाज़ से पास रखा है, उसे सभी ने क़द्र की निगाह से देखा। प्रोफ़ेसर मलिकज़ादा मंज़ूर अहमद ने उनके तरीक़ा-ए-सुख़न और ग़ज़लों पर इल्मी तौर पर जो राय क़ाएम की है वो इस मजमूए का हिस्सा है, फ़ारूक़ जायसी ने उनके कलाम का तफ़्सीली जाइज़ा पेश किया है। ज़िया फ़ारूक़ी ने उनके विसाल के बाद एक जामे मज़मून क़लमबंद करके उन्हें ख़िराज-ए-अक़ीदत पेश किया है। महताब हैदर के मो'तमद-ए-ख़ास शकील गयावी ने उनके पुरे कलाम को कम्पोज़ करके उन्हें अपना ख़िराज दिया है।

अपनी ज़िंदगी के आख़िरी दिनों में जब उन्हें अस्पताल में दाख़िल करने के लिये ले जाया जा रहा था, महताब हैदर ने अपने रफ़ीक़ शकील गयावी से अपने कलाम की तबाअत की ख़्वाहिश का पुरएतिमाद लहजे में इज़हार किया था। कुछ काम शकील गयावी उनकी ज़िंदगी में मुकम्मल कर चुके थे। उनके

नातिया-कलाम और नस्रनिगारी की भी काम्पोज़िंग करके शकील ने उनकी रूह को तस्कीन पहुँचाने का काम किया है।

उनकी अहलिया राहिला हैदर "सबा" ने उनके मुकम्मल कलाम को ज़ेवर-ए-तब्अ से आरास्ता करके मंज़र-ए-आम तक लाने का बीड़ा उठाया है और उनके दोनों बेटों अली हैदर और तक़ी हैदर अपने वालिद के कलाम की तबाअत के शिद्दत से मुंतज़िर हैं। मुझे सदमा है कि मैं उनकी हयात में उनकी ख़्वाहिश का एहतिराम नहीं कर सका और अपने मजरूह जज़्बात और शिकस्ता अल्फ़ाज़ से अपने एहसासात सुपुर्द-ए-क़लम कर रहा हूँ।

सैयद महताब हैदर सफ़ीपुरी की शायरी और उनकी फ़िक्री जिहात का तन्क़ीदी जाइज़ा इस किताब के मंज़र-ए-आम पर आने के बाद किया जाना चाहिए। मुझे यक़ीन है कि बिल्कुल ग़ैर-जानिबदाराना और ईमानदाराना तौर पर जो भी क़लम उठेगा वो उनकी शख़्सी और फ़न्नी हैसियत पर खुलकर बात करेगा।

उनका नातिया और नस्री सरमाया भी किताबी शक्ल में इंशाअल्लाह जल्द ही ज़ेवर-ए-तब्अ से आरास्ता होकर उन्हें तादेर ज़िन्दा रखने में मुआवनत करेगा। मैं अभी बहुत कुछ उनके सिलसिले में लिखना चाहता हूँ, मगर ज़ेहन माऊफ़ और लफ़्ज़ों का फ़ुक़्दान होने के सबब कुछ समझ में ही नहीं आ रहा है।

बारगाह-ए-रब्बुल-इज़्ज़त में दस्त-ब-दुआ हूँ कि वो अपनी रहमतों के साये में उन्हें बुलंदी-ए-दर्जात से सरफ़राज़ करे और उनकी अहलिया और बेटों को तवील और सेहतमंद ज़िंदगी अता करे कि अब यही उनकी मोतबर निशानियाँ हैं।

आख़िर में अपने चार मिसरों को बतौर ख़िराज पेश करते हुए अपनी बात ख़त्म करता हूँ-

हयात-ओ-मौत की इस कश्मकश का
अजब मफ़हूम लिखना पड़ रहा है
जो ज़िन्दा है हमारे ज़ह्न-ओ-दिल में
उसे मरहूम लिखना पड़ रहा है

2 मार्च 2022

वासिफ़ फ़ारूक़ी
एडन एन्क्लेव, कुर्सी रोड
लखनऊ

जो ख़ुद सो गया दास्ताँ कहते-कहते

कहते हैं दरिया आसानी से किसी को दोस्त नहीं बनाता सदी दो सदी के बाद कहीं जाके अपनाता है। मुझे नहीं मालूम गोमती के पानी में भी ये ख़ासियत है या नहीं और अगर हो भी तो उसका इतलाक़ लखनऊ को चार सिम्त से घेरे अज़्ला और उनके इल्मी-ओ-अदबी बसीरत से मालामाल क़स्बात के अहल-ए-फ़न पर बिल्कुल नहीं होता कि ये हज़रात अपनी तमद्दुनी ज़िंदगी और अपनी फ़िक्री बसीरत के सबब अगर मुकम्मल नहीं तो निस्फ़ लखनवी हमेशा रहे। इसका एक सुबूत सैयद महताब हैदर सफ़ीपुरी भी थे जिनके नाम के साथ सफ़ीपुरी का लाहिक़ा ज़रूर लगा हुआ था मगर मिज़ाज में वही रख-रखाव वही वालिहाना-पन वही इंकिसारी और सादगी में वही परकारी थी जो क़दीम अहल-ए-लखनऊ का ख़ासा रही है। उनका मुस्कुराता हुआ चेहरा, पुर-लुत्फ़ गुफ़्तगू मेहमान नवाज़ी और टूट के मिलने का अंदाज़, ग़ैर को भी एक ही मुलाक़ात में अपना बना लेता था। वैसे भी वो एक तवील अर्सा से लखनऊ में ना सिर्फ़ क़ियाम पज़ीर थे बल्कि यहाँ के अदबी हल्क़ों में रचे-बसे भी थे। उनका नस्बी ताल्लुक़ सफ़ीपुर के उन बुज़ुर्गों से था जिन्होंने सदियों पहले तारीकी के इस दरिया में हक़-ओ-मारिफ़त के चराग़ रौशन किये थे और दुखे दिलों की दाद-रसी की थी। सय्यद महताब हैदर सूफ़ी तो नहीं थे मगर तसव्वुफ़ आशना ज़रूर था। ख़ानक़ाहों से अक़ीदत और साहिब-ए-निस्बत बुज़ुर्गों का एहतिराम उनकी घुट्टी में पड़ा हुआ था। इसका असर उनकी शायरी पर भी नुमायाँ था जिसे वो अपने ख़ूबसूरत तरन्नुम में पेश करके अहल-ए-ज़ौक को अपना गिरवीदा कर लिया करते थे। उनकी मक़बूलियत अवाम-ओ-ख़्वास में यकसाँ थी। मुशाइरों और शेरी निशस्तों में उन्हें अक़ीदत और एहतिराम से सुना जाता। अफ़सोस कि ऐसा ज़िन्दा-दिल, मुंकसिर-उल-मिज़ाज और ख़ुलूस का पैकर लखनऊ में ही

20 अप्रैल सन 2021 को इस अज़ाब के नज़र हो गया जो कोरोना की शक्ल में सारी दुनिया को हिरासाँ किये हुए है। इन्ना-लिल्लाहि-व-इन्ना-इलैही-राजिऊन।

महताब हैदर अगरचे एक तवील अर्सा से मैदान-ए-सुख़न में लफ़्ज़-ओ-मआनी के रंगा-रंग फूल खिला रहे थे, मगर शोअरा की आम रविश के खिलाफ़ उन्होंने अपना शेरी मजमूआ लाने में कोई दिलचस्पी नहीं ली। अलबत्ता इधर कुछ दिनों से जैसा कि उनसे क़ुर्बत रखनेवाले वासिफ़ फ़ारूक़ी ने बताया कि उन्होंने अपने कलाम को मजमूआ की शक्ल में शाए करने के लिये तरतीब देना शुरू किया था। मजमूआ का नाम भी तय हो गया था 'नवेद-ए-सबा', मगर मौत ने उनको मोहलत ना दी कि 'नवेद-ए-सबा' की इशाअत को यक़ीनी बनाते। अब ये ज़िम्मेदारी उनके अहबाब वासिफ़ फ़ारूक़ी और शकील गवायी पर है कि मरहूम के इस अधूरे काम को पाए-तकमील तक पहुँचायेंगे। महताब हैदर ने इधर कुछ अरसे से प्रिंट मीडिया में भी लिखना शुरू किया था। उनके कुछ शख़्सी और अदबी मज़ामीन अख़बारात में मेरी नज़र से गुज़रे हैं, जहाँ तक उनकी शायरी का ताल्लुक़ है तो जैसा कि मैंने अभी अर्ज़ किया कि उनके कलाम में तसव्वुफ़ का रंग गहरा है बल्कि ख़ुदा के तईं बन्दे की आजिज़ी नुमायाँ है। और मैं समझता हूँ यहीं उनकी शनाख़्त भी है-

ये ज़मीं और ये फ़लक चाँद सितारे सूरज
रब की क़ुदरत ही हर इक सिम्त दिखायी दी है
संग में किर्म को, आतिश में समन्दर को हयात
उसके होने की हर इक शय ने गवाही दी है

वो किसको बख़्श दे ख़ुशियाँ वो किसको ग़म अता कर दे
किसी सूरत किसी को इसका अंदाज़ा नहीं होता
परिंदों का यक़ीं मोहकम उन्हें महफ़ूज़ रखता है
किसी के घोंसले में कोई दरवाज़ा नहीं होता

सफ़र तवील है मंज़िल भी है निगाहों में
बताओ ख़ुद को भला हम निढाल कैसे करें

आँखों का शौक़े-दीद है अपनी जगह मगर
इश्क़े-नबी में दिल भी गिरफ़्तार चाहिए

उसको जाते न देख पाऊँगा
राह में कुछ गुबार आ जाये

महताब हैदर ने कुछ नज़्में भी कही हैं जो अपनी लफ़्ज़ियात, मौज़ू और रवानी के सबब क़ारी के दिल पर अपना एक नक़्श छोड़ती हैं जैसे अल-अतश का ये बन्द देखिए–

गुज़रते लम्हे ये पूछते हैं
कि तपते सहरा में ज़ुल्मतों का
सफ़र ये आख़िर कहाँ रुकेगा
क़िसास इसका कहाँ मिलेगा
न जाने कब इंहिदाम होगा
कहाँ ये क़िस्सा तमाम होगा
ये ज़ह्न-ओ-दिल पर अज़ाब बनकर
जो रोज़ लश्कर गुज़र रहे हैं
लहू के जैसे बरस रहे हैं
दिल-ए-शिकस्ता कुचल रहे हैं
न जाने उन लश्करों को आख़िर
जवाब कब और कहाँ मिलेगा
ये कैसा है अल-अतश का मंज़र

बहरहाल ये मुख़्तसर-सा कलाम जो मेरे मुताला में आया, इससे महताब हैदर की फ़िक्री परवाज़ का अंदाज़ा तो किया जा सकता है, लेकिन उसकी मुकम्मल तस्वीर तो उसी वक़्त सामने आयेगी जब उनका मजमूई कलाम 'नवेद-ए-सबा' की सूरत में सामने आयेगा।

ज़िया फ़ारूक़ी
भोपाल

फ़ेहरिस्त

हम्द

बुराइयों से वो जिसको निकाल देता है
ज़माना उसकी हमेशा मिसाल देता है

तिरी अता भी निराली है मेरे रब-ए-करीम
तू ही ग़रीब की गुदड़ी में ल'अल देता है

न पाया जाये नजासत का शाइबा जिस में
वो शेर ऐसे रगों से निकाल देता है

है उसकी शान निराली करिश्मे हैं उसके
जिदार पानी की पानी में डाल देता है

वो मुहँ दिखायेगा क्या उसको अपना महशर में
जो कल के वादे पे साइल को टाल देता है

किसी की आँखों को देता है लज़्ज़त-ए-दीदार
किसी को हुस्न जो वो बेमिसाल देता है

बना दे पानी पे तस्वीर कोई नामुमकिन
वो एक क़तरा को सूरत में ढाल देता है

उसी ने कुव्वत-ए-गोयाई की अता 'महताब'
वही दिमाग़ को अच्छे ख़याल देता है

नात

दैर-ओ-हरम न मिस्र का बाज़ार चाहिए
हमको दयार-ए-अहमद-ए-मुख़्तार चाहिए

दीवानगी तवाफ़-ए-हरम में तो ठीक है
तैबा में सिर्फ़ दीदा-ए-बेदार चाहिए

हो जाये उनके घर की ग़ुलामी अगर नसीब
फिर हमको ताज-ओ-तख़्त न दरबार चाहिए

हम मुंतज़िर हैं रोज़-ए-क़यामत के इसलिए
हमको रसूल-ए-पाक का दीदार चाहिए

आँखों का शौक़-ए-दीद है अपनी जगह मगर
इश्क़-ए-नबी में दिल भी गिरफ़्तार चाहिए

सर मेरा भी झुके नहीं बातिल के सामने
या रब मुझे हुसैन-सा किरदार चाहिए

आँखें खुलें तो रू-ए-मुबारक हो सामने
हैदर-सा कोई उनका तलबगार चाहिए

ग़ज़लें

✻

कभी ख़यालों में नीमशब जो महक उठी है वही ग़ज़ल है
कभी जो ख़ल्वत में अपने दिल की सदा सुनी है वही ग़ज़ल है

छुपायें वो मुस्कुराहटों से कि गुफ़्तगू से कि बेरुख़ी से
मगर उन आँखों में आँसुओ की जो इक नमी है वही ग़ज़ल है

मिटाये मिटती नहीं है ज़ुल्मत ये जलते-बुझते दीये की लौ से
कहीं अँधेरे में जुगनूओं की जो रौशनी है वही ग़ज़ल है

नक़ाब उठाना कि मुस्कुराना वो मुस्कुरा कर नज़र चुराना
अदा वो दिल पर जो एक लम्हे में लिख गयी है वही ग़ज़ल है

ये माह-ओ-अंजुम ये लाला-ओ-गुल ये कहकशाँ, ये शजर, परिंदे
जुदा-जुदा हैं सभी में ख़ूबी, जो एक सी है वही ग़ज़ल है

तमाम ख़ुशियाँ थीं ज़िंदगी में तमाम ऐश-ओ-तरब थे लेकिन
दिल-ओ-जिगर को जो उनसे मिल कर ख़ुशी मिली है वही ग़ज़ल है

वो नर्म-ओ-नाज़ुक सी उँगलियों से गुलों को छूकर दबी ज़बाँ में
वो सेहन-ए-गुलशन में उसने ख़ुद से जो बात की है वही ग़ज़ल है

नशीली आँखें दराज़ ज़ुल्फ़ें, वो तीर-ए-मिज़गाँ, अदा, वो शोख़ी
जो उसके चेहरे पे एक सुर्ख़ी गुलाब सी है वही ग़ज़ल है

हो ठण्डी-ठण्डी सी छाँव जैसे, वो झूला बाहों की नाव जैसे
वो माँ जो बच्चे को अपने लोरी सुना रही है वही ग़ज़ल है

✼

हाथ जिसके तिरी रहमत के ख़ज़ाने लग जायें
उसकी राहों में सभी फूल बिछाने लग जायें

जब ख़यालों में मिरे वो कभी आने लग जायें
दिल के जज़्बात बहुत शोर मचाने लग जायें

हमने देखे हैं तिरे इश्क़ में ऐसे भी मक़ाम
अच्छे-अच्छों के जहाँ होश ठिकाने लग जायें

फिर तो हर शख़्स ही कतरा के गुज़र जायेगा
आईना हम जो ज़माने को दिखाने लग जाये

मैं ख़फ़ा हूँ तो कोई पूछने वाला ही नहीं
वो ख़फ़ा हों तो सभी उनको मनाने लग जायें

चंद लम्हों में किया अह्ल-ए-जुनूँ ने वो सफ़र
जो ख़िरद वाले करें तय तो ज़माने लग जायें

हर तरफ़ होंगे उजाले ही उजाले 'महताब'
प्यार के दीप अगर लोग जलाने लग जायें

❋

सिवा रब के किसी का दिल में अपने डर नहीं रखते
दुआ रखते हैं, हाथों में कभी ख़ंजर नहीं रखते

कभी ख़ुद्दार लालच में, और अपने पेट की ख़ातिर
किसी भी ग़ैर की चौखट पे अपना सर नहीं रखते

बिछाये कोई भी काँटे हमारी राह में लेकिन
किसी की राह में हम कोई भी पत्थर नहीं रखते

जो उनके पास होता है लुटा देते हैं लोगों पर
फ़क़ीर अपनी कभी झोली में सीम-ओ-ज़र नहीं रखते

उड़ा करते हैं अपने बाज़ुओं में हौसला भर कर
कतर डाले जिन्हें सय्याद ऐसे पर नहीं रखते

चटाई पर हमें सोना हमेशा रास आता है
कभी मख़मल का अपने वास्ते बिस्तर नहीं रखते

हम अपने दुश्मनों पर सामने से वार करते हैं
छुपा कर आस्तीनों में कभी ख़ंजर नहीं रखते

फ़लक पर टूटता तारा, अँधेरा, डूबता सूरज
नज़र में अपनी हम ऐसा कोई मंज़र नहीं रखते

✻

दहन में अपने जो सच्ची ज़बान रखते हैं
वो अपने ज़ेर-ए-क़दम आसमान रखते हैं

समा सके जो न अर्ज़-ओ-समा की वुसअत में
ख़याल-ओ-फ़िक्र में ऐसा जहान रखते हैं

उन्हीं को धूप की शिद्दत का डर नहीं होता
दुआ का सर पे जो इक साइबान रखते हैं

बहुत सुकून से कटती है ज़िंदगी उनकी
जो ख़्वाहिशात पे अपनी इनान रखते हैं

उन्हें नसीब न होगी यक़ीन की दौलत
जो रब के बारे में वहम-ओ-गुमान रखते हैं

हमें सहर में जगाते हैं ख़्वाब-ए-ग़फ़लत से
परिंदे भी तो ज़बाँ पर अज़ान रखते हैं

उन्हें फ़लक की बुलंदी सदाएँ देती है
परों में अपनी जो ऊँची उड़ान रखते हैं

है ये भी माँ की दुआओं का फ़ैज़ ऐ 'महताब'
हम अपने हौसले हरदम जवान रखते हैं

✻

सफ़र था रास्ता पुर-ख़ार था तलवों में छाले थे
हमारा हौसला देखो कि हम ख़ुद को सँभाले थे

पलट कर जब कभी औराक़-ए-हस्ती हमने देखे हैं
किताब-ए-ज़ीस्त के हर बाब में उसके हवाले थे

अँधेरे जिस्म-ओ-जाँ में इसलिए दाख़िल न हो पाये
हमारे ज़हन-ओ-दिल में उसकी यादों के उजाले थे

उधर तो रौशनी ही रौशनी फैली थी राहों में
ख़ुदा के चाहने वाले जिधर से जाने वाले थे

ख़ुदा ने इस तरह महफ़ूज़ रक्खा हमको वहशत से
कबूतर थे हमारे घर में और मकड़ी के जाले थे

जहाँ देखा है दुनिया दार लोगों को ज़माने में
हर इक के हाथ में कासे, कटोरे और प्याले थे

वो इज़्ज़तदार क्यों दुनिया की आँखों में हुए 'महताब'
जो बाहर से तो उजले थे मगर अंदर से काले थे

✻

मुनफ़रिद उसका इंतख़ाब है क्या
वो ज़माने में कामयाब है क्या

उसकी ख़ुशबू हवा में बिखरी है
वो महकता हुआ गुलाब है क्या

जिसने देखा वो हो गया मदहोश
उसकी आँखों में भी शराब है क्या

वो सवालों पे मुस्कुराता है
मुस्कुराना कोई जवाब है क्या

मुझसे मिलने वो आज आया है
ये हक़ीक़त नहीं तो ख़्वाब है क्या

अपना दीवाना कह दिया उसने
इस से बढ़कर कोई ख़िताब है क्या

जिसको देखो वो डूब जाता है
ये मुहब्बत भी इक चनाब है क्या

ज़िक्र उसका है आज चारों तरफ़
वो मुहब्बत में कामयाब है क्या

लोग उसका तवाफ़ करते हैं
गुफ़्तगू उसकी लाजवाब है क्या

खोया-खोया हुआ सा रहता है
ज़ेहन में उसके 'माहताब' है क्या

✻

सारे शिकवे-गिले मिटाती है
ईद सबको क़रीब लाती है

याद जब भी तिरी सताती है
नींद आँखों से रूठ जाती है

हिंदु-मुस्लिम हों सिख कि ईसाई
ईद सबको गले मिलाती है

मेरे घर की मुंडेर पर चिड़िया
सुबह होते ही चहचहाती है

ईद के दिन ख़ुशी मिरे घर में
प्यार के गीत गुनगुनाती है

तुझसे मिलने की आरज़ू दिल में
रोज़ आती है रोज़ जाती है

देख कर मेरी बेबसी अक्सर
ज़िंदगी मुझ पे मुस्कुराती है

शायरी भी हमारी दुनिया के
रेग-ज़ारों में गुल खिलाती है

मैं वो चादर हूँ जिसको ऐ महताब
ज़िंदगी ओढ़ती-बिछाती है

✻

ऊदी-ऊदी थी घटा बरसात थी और वो न था
उसके हक़ में रुत की हर सौग़ात थी और वो न था

जुगनूओं की थी चमक, रौशन थी सारी काएनात
माह-ओ-अंजुम, कहकशाँ थी रात थी और वो न था

हर तरफ़ जश्न-ए-चराग़ाँ था उसी के नाम से
शमअ परवाने थे उसकी बात थी और वो न था

गुंचा-ओ-गुल झूम उट्ठे ख़ुश थे सारे अंदलीब
प्यार के नग़मात की सौग़ात थी और वो न था

जिस तरफ़ देखा मसर्रत ही मसर्रत थी मगर
शोर था शहनाई का, बारात थी और वो न था

भीगी-भीगी थीं फ़ज़ाएँ और समाँ था पुरसुकून
इक अजब सी मस्ती-ए-नग़मात थी और वो न था

अश्क थे आँखों में और था ज़ेहन में उसका ख़याल
हर नफ़स इक सोज़िश-ए-जज़्बात थी और वो न था

❁

बुलंदियों की लगाये वो आस बैठा है
मुंडेर पर जो कबूतर उदास बैठा है

उसे ख़बर ही न हो दिल के टूट जाने की
तू अपने दिल में लिए जिसकी आस बैठा है

वो अपने दावे को फिर आईने में देखे तो
कोई इधर भी हक़ीक़तशनास बैठा है

तुम इस तरफ़ से जो गुज़रो तो ये ख़याल रहे
लिए कोई निगहे-ए-इल्तिमास बैठा है

न कोई फूल न ख़ुशबू न रंग की सूरत
ये कौन है जो सजाये कपास बैठा है

न जाने किसी निगाह-ए-करम का मारा हो
वो अपने खोये जो होश-ओ-हवास बैठा है

बुझा न पायेंगे दरिया भी तिश्नगी उसकी
सजाये लब पे जो कौसर की प्यास बैठा है

✲

जो भी ईसार-ओ-वफ़ा, अज़मत-ए-जद चाहते हैं
वही बातिल की हर इक गाम पे रद चाहते हैं

इश्क़ वालों के भी अंदाज़ निराले देखे
क़त्ल होते हैं फिर उससे ही मदद चाहते हैं

दिल की चाहत कि हमावक़्त रहे उनके क़रीब
और वो हैं कि मुलाक़ात में हद चाहते हैं

उनके दीदार के क़ाबिल तो नहीं हैं फिर भी
अपनी आँखों के लिए थोड़ी रसद चाहते हैं

अपना दिल चीर के किस तरह दिखाऊँ उनको
जो मिरे इश्क़ की अब मुझसे सनद चाहते हैं

उनको मालूम नहीं क्या है जुनूँ की लज़्ज़त
वो सभी लोग कि जो होश-ओ-ख़िरद चाहते हैं

अपने लब, अपना दहन, अपनी ज़बाँ पाक करे
जो ज़माने में बड़ा मंसब-ओ-क़द चाहते हैं

दर्द दे जाता है वो शख़्स हमें ला-तादाद
जिससे भी प्यार में दिल एक अदद चाहते हैं

दिन में ख़ुर्शीद मिले रात को 'महताब' मिले
सिलसिला ज़ीस्त का ये ताबअबद चाहते हैं

✲

जब कहानी में कोई सब्ज़ परी आयी है
उनके अंदाज़ में तब इश्वागरी आयी है

फिर बहारों की यहाँ ख़ुशख़बरी आयी है
ले के पैग़ाम नसीम-ए-सहरी आयी है

दिल बहुत शाद हुआ देख के वो ख़ुश्क शजर
जिस पे कोंपल लिए इक शाख़ हरी आयी है

वो तो बेदार है हुशियार है और दाना भी
उससे मिलने ये कहाँ बेख़बरी आयी है

हमने खाये हैं हर इक गाम पे दानिस्ता फ़रेब
तब कहीं जा के हमें दीदावरी आयी है

गुफ़्तगू ऐसी कि जैसे हो गुलों की बारिश
तुझ को ये कैसे भला सह्रगरी आयी है

लफ़्ज़ ईसार-ओ-वफ़ा, जोश-ए-जुनूँ, होश-ओ-ख़िरद
इनको बरता है तो ये बाख़बरी आयी है

याद में उनकी ये पलकों का झपकना कैसा
कौन कहता है तुझे मुंतज़री आयी है

फ़ैज़ जिनको भी बुज़ुर्गों से मिला है 'महताब'
पास उनके ही वसी-उल-नज़री आयी है

✻

बुज़ुर्ग दे के गये जो सबक़ सँभाल के रख
किताब-ए-ज़ीस्त का इक-इक वरक़ सँभाल के रख

हसीन सुब्ह तो महफ़ूज़ है नज़र में मगर
हसीन आँखों में रंग-ए-शफ़क़ सँभाल के रख

कभी जो वक़्त पड़ा तेरे काम आयेंगे
जो लफ़्ज़ याद हैं तुझको अदक़ सँभाल के रख

ये सरफ़राज़ियाँ हर शख़्स को नहीं मिलतीं
जो मिल गया है तुझे तेरा हक़ सँभाल के रख

बहुत है क़ीमती दुनिया में ज़िंदगी तेरी
जो तुझमें बाक़ी है थोड़ी रमक़ सँभाल के रख

ग़मों के बोझ को इतना भी अपने दिल पे न डाल
ये हो न जाये कहीं और शक़, सँभाल के रख

✼

यही मेरा है फ़साना, यही मेरी है कहानी
कभी अक़्ल की सुनी है, कभी दिल की बात मानी

मुझे डर है आँसुओं से कहीं जल न जाये दामन
ये है आग दिल की जिसको तू समझ रहा है पानी

ऐ हवा के नर्म झोंको! उन्हें तुम जगाये रखना
मैं सुना रहा हूँ उनको ग़म-ए-इश्क़ की कहानी

जो ज़मीन पे चल रहे हैं उन्हें कौन ये बताये
ये जो इश्क़ का सफ़र है ये सफ़र है आसमानी

ये चमन में कौन आया जो महक उठीं फ़ज़ाएँ
कहीं मुस्कुराये बेला कहीं ख़ुश है रातरानी

ये उन्हीं पे मुनहसिर है ये उन्हीं पे मैंने छोड़ा
वो मिलें तो मेह्रबानी न मिलें तो मेह्रबानी

मिरे लब पे ज़िक्र तेरा तिरे लब पे ज़िक्र मेरा
मैं सुनूँ तिरी ज़बानी, तू सुने मिरी ज़बानी

ये क़ज़ा के ज़िक्र से क्यों तिरी रूह काँपती है
तिरी ज़िंदगी तो ख़ुद है तिरी मौत की निशानी

मुझे ख़ाक कहने वाले तुझे क्या ख़बर नहीं है
ये फलक भी कर चुका है कभी मेरी मेज़बानी

कभी याद करके रोना कभी रोते-रोते हँसना
कभी ग़म कभी ख़ुशी है, है अजीब ज़िंदगानी

न सलीक़ा-ए-सुख़न है न है तर्ज़-ए-मीर-ओ-ग़ालिब
ये अता-ए-ख़ास है जो मिली फ़िक्र-ए-जावेदानी

✲

हमेशा सारा ज़माना हुआ है उसका शुहूद
कि जिसने ने तोड़ दिये जिस्म-ओ-जाँ के सारे हुदूद

उलझ के रह गया कुछ इस क़दर ज़माने में
सिमट के रह गया इक दायरे में अपना वुजूद

वो जिसके वास्ते बस तेरी याद काफ़ी है
उसे न चाहिए दुनिया में कोई नाम-ओ-नुमूद

जहाँ में उसकी ही कुदरत का ये करिश्मा है
बिखर के रह गयी दुनिया में शान-ए-आद-ओ-समूद

ख़िरद के होश भी उड़ जायें जिस जगह आकर
जुनूँ ने तोड़ दिये हैं वहीं पे सारे क़यूद

उसी ने आग में पैदा किया समन्दर को
उसी ने पल में बुझा दी है आतिश-ए-नमरूद

फ़ना के बाद बक़ा है, बक़ा के बाद फ़ना
ये राज़-ए-अब्द समझता है बस वही माबूद

मिलेंगे अब न कहीं एक सफ़ में शाह-ओ-गदा
अयाज़ अब न कोई है न है कोई महमूद

जो महव-ए-दीद हुए उनको कुछ भी याद नहीं
वो कब रुकूअ करें, कब करें क़ियाम-ओ-सुजूद

हुसैन सारे ज़माने में सुर्ख़-रू हैं मगर
यज़ीद सारे ज़माने में हो गया मरदूद

✻

नज़र जागे, समर जागे, ये सारे ख़ुश्क-ओ-तर जागे
उसी के हुक्म से शम्स-ओ-क़मर, बर्ग-ओ-शजर जागे

अजब पुर कैफ़ मंज़र था कि सब क़ल्ब-ओ-जिगर जागे
हुआ जब ज़िक्र उसका तो ये सारे बाम-ओ-दर जागे

जिन्हें था इश्क़ दुनिया से वही सोते रहे लेकिन
जिन्हें था इश्क़ उससे वो ब-अंदाज़-ए-दिगर जागे

जो हाज़िर थे वो हाज़िर ही रहे उसकी अदालत में
रहे ग़फ़लत में दुनिया दार, दीवाने मगर जागे

यही तो वक़्त है बन्दो! ख़ुदा को याद करने का
नवेद-ए-सुबह से पहले ही मुर्ग़ान-ए-सहर जागे

कहीं उसके बुलावे पर कोई ग़फ़लत न हो जाये
तिरे दीवाने बस ये सोच कर ही उम्र भर जागे

अभी तो वक़्त है यारो ज़रा बेदार हो जाओ
कभी सोचा है क्या होगा अगर वक़्त-ए-सफ़र जागे

न रहरौ है, न जादा है, न मंज़िल का निशाँ कोई
सफ़र दुश्वारतर है, काश कोई राहबर जागे

तराशे जब भी वो पत्थर बुत-ए-राना बरामद हो
किसी फ़नकार का जब संग पर दस्त-ए-हुनर जागे

✻

बहुत कम हूँ, अधिक मैं भी नहीं हूँ
ज़ियादा सामयिक मैं भी नहीं हूँ

तुम्हारी सोच गर आज़ाद है तो
बहुत पारंपरिक मैं भी नहीं हूँ

जो देखो तो हूँ मुश्त-ए-ख़ाक लेकिन
जो समझो तो तनिक मैं भी नहीं हूँ

अज़ल से ता-अबद है ज़िंदगानी
हक़ीक़त में क्षणिक मैं भी नहीं हूँ

अगर तू आस्तिक है तो ये सुन ले
कहीं से नास्तिक मैं भी नहीं हूँ

जुनून-ए-इश्क़ ले आया है मुझको
जो सच पूछो पथिक मैं भी नहीं हूँ

ज़माना जो भी चाहे मुझको समझे
मगर अत्याधुनिक मैं भी नहीं हूँ

यही हिन्दोस्ताँ है देश मेरा
विदेशी नागरिक मैं भी नहीं हूँ

जो मज़हब का करे हर दम दिखावा
तो ऐसा धार्मिक मैं भी नहीं हूँ

न तू है मीर-ओ-ग़ालिब, ज़ौक़-ओ-मोमिन
तो जायस का मलिक मैं भी नहीं हूँ

✽

हसीन शब के नज़ारों की बात करता है
वो दिन में चाँद-सितारों की बात करता है

कभी तो भूल के जाता नहीं है मस्जिद में
मगर हमेशा मिनारों की बात करता है

मिरे ख़याल से सावन का है वो नाबीना
ख़िज़ाँ में भी जो बहारों की बात करता है

जो तैरने के हुनर से हुआ नहीं वाक़िफ़
वो डूबते के सहारों की बात करता है

हमारे दिल पे लगे तीर देखता ही नहीं
वो अपने पाँव के ख़ारों की बात करता है

न सिर्फ़ हिंदू, न मुस्लिम, न सिख, न ईसाई
जो है फ़क़ीर वो चारों की बात करता है

ख़ुद अपने पाँव भी मरने पे काम आते नहीं
मगर हयात में कारों की बात करता हैं

ज़बाँ सलीस समझता नहीं कोई 'महताब'
तू शायरी में इशारों की बात करता है

❁

जब से हुआ है आपका तेवर मिरे ख़िलाफ़
रस्ते मिरे ख़िलाफ़ हैं रहबर मिरे ख़िलाफ़

मेरी शिकस्त अब तो यक़ीनी है दोस्तो!
दुश्मन ही क्या है ख़ुद मिरा लश्कर मिरे ख़िलाफ़

आँखें जो मेरे आगे उठाते न थे कभी
वो लोग भी उठाने लगे सर मिरे ख़िलाफ़

सैयाद ने निगाह जो फेरी तो हो गये
काँटे मिरे ख़िलाफ़ गुल-ए-तर मिरे ख़िलाफ़

इक तुम ख़फ़ा हुए तो ख़फ़ा हो गये हैं सब
मंज़र ख़िलाफ़ है, पस-ए-मंज़र मिरे ख़िलाफ़

क़तरे का भी वुजूद है बस इतनी बात पर
दरिया मिरे ख़िलाफ़ समन्दर मिरे ख़िलाफ़

✼

अस्लाफ़ के अफ़्कार बदलने नहीं देंगे
तहज़ीब के अदवार बदलने नहीं देंगे

अहबाब को लाज़िम है रहे पास-ए-अदब भी
हम लहजा-ए-गुफ़्तार बदलने नहीं देंगे

बाक़ी है अभी जिस्म में ईमाँ की हरारत
तलवार की झंकार बदलने नहीं देंगे

हर रोज़ चले जायेंगे ख़ुद बन के ख़रीदार
हम गर्मी-ए-बाज़ार बदलने नहीं देंगे

जो पास हमारे है बुज़ुर्गों की निशानी
वो जुब्बा-ओ-दस्तार बदलने नहीं देंगे

जो हमको हर इक गाम भटकने से बचाये
वो क़ाफ़िला-सालार बदलने नहीं देंगे

बातिल भी ना टिक पाया कभी सामने जिसके
वो जुरअत-ए-इंकार बदलने नहीं देंगे

अजदाद से जो हमको विरासत में मिली है
वो अज़मत-ए-किरदार बदलने नहीं देंगे

✲

हम अपने शिकवे शिकायात ले के लौट आये
जो दिल में थे वही जज़्बात ले के लौट आये

गये जो हाल-ए-दिल-ए-मुज़्तरिब बयाँ करने
तो साथ गर्दिश-ए-हालात ले के लौट आये

बिछड़ते वक़्त का मंज़र न पूछिए हमसे
कि ख़ुश्क आँखों में बरसात ले के लौट आये

जो ख़ुशनसीब थे वो संग-ए-दर से लिपटे रहे
जो कमनसीब थे ख़ैरात ले के लौट आये

किसी ने माँग में अपनी सजा लिए तारे
हम अपने ख़्वाबों की बारात ले के लौट आये

चले थे घर से सहर की तलाश में लेकिन
वो अपने साथ सियाह रात ले के लौट आये

हम उससे अर्ज़-ए-तमन्ना न कर सके 'महताब'
कई सवाल नये साथ ले के लौट आये

❃

अपनी परछाइयों से डरता है
इश्क़ रुस्वाइयों से डरता है

कितना कमज़ोर हो गया इंसाँ
अपने ही भाइयों से डरता है

आँधियों से वो जंग करता था
अब तो पुरवाइयों से डरता है

ऐसा लगता है देखकर उसको
जैसे तन्हाइयों से डरता है

कल उसे शौक़ था फिसलने का
आज वो काइयों से डरता है

पास है उसको हुस्न का लेकिन
अपनी अँगड़ाइयों से डरता है

कल जो डरता था हर बुराई से
आज अच्छाइयों से डरता है

जो मुसाफ़िर है दिल की कश्ती का
दिल की गहराइयों से डरता है

✻

उल्फ़त की पनाहों ने मुझे घेर लिया है
हर सिम्त से शाहों ने मुझे घेर लिया है

मैं जाऊँ कहीं भी पलट आता हूँ तिरी सिम्त
शायद तिरी राहों ने मुझे घेर लिया है

मैं क़ैद उसी दिन से मसाइल में हुआ हूँ
जब से तिरी बाहों ने मुझे घेर लिया है

हर सिम्त नज़र आता है बस एक ही मंज़र
ये किसकी निगाहों ने मुझे घेर लिया है

जिस रोज़ से रुख़्सत हुआ लालच मिरे दिल से
ख़ुशियों की पनाहों ने मुझे घेर लिया है

✻

कल तलक जो ज़ेर था उसको ज़बर कहना पड़ा
अक़्ल के अँधे को भी अहल-ए-नज़र कहना पड़ा

जिनको ख़ुद चलना नहीं आया सलीक़े से कभी
मस्लहत की मार, उनको राहबर कहना पड़ा

जिसने तोड़े हैं हमेशा आईनाख़ाने यहाँ
इस ज़माने में उसे भी शीशागर कहना पड़ा

इक ज़रा लालच की ख़ातिर उसके तल्ख़ अंदाज़ को
धीमे लहजे में मुझे शीर-ओ-शकर कहना पड़ा

बेबसी के जाल में कुछ इस तरह उलझी हयात
दुश्मन-ए-जाँ को भी अपने, चारागर कहना पड़ा

हो न जाये वो कहीं वाक़िफ़ मिरी परवाज़ से
इसलिए ख़ुद को मुझे बेबाल-ओ-पर कहना पड़ा

✻

इश्क़ में कामयाब आयेंगे
जो भी ख़ाना-ख़राब आयेंगे

जब भी ज़ुल्मत बढ़ेगी दुनिया में
हर तरफ़ इंक़लाब आयेंगे

ख़ुद पे इतराना छोड़ दे वरना
तुझ पे इक दिन इताब आयेंगे

आप तो जा रहे हैं मैख़ाने
जा के वापस जनाब आयेंगे

ख़ुशबुओं के सफ़ीर हैं जो लोग
ले के ताज़ा गुलाब आयेंगे

क्या पता था वो अपनी आँखों में
भर के जाम-ए-शराब आयेंगे

आज फिर जश्न है चराग़ों का
आज वो बेनक़ाब आयेंगे

✻

मिरे लहजे में बेबाकी बहुत है
तिरी फ़ितरत में चालाकी बहुत है

यहाँ पाकीज़गी की बात मत कर
यहाँ ज़हनों में नापाकी बहुत है

तबस्सुम तो लबों पर है तुम्हारे
मगर आँखों में नम-नाकी बहुत है

अनासिर तो कई है उसमें लेकिन
बदन मेरा मगर ख़ाकी बहुत है

मसीहा कहते हैं 'महताब' जिसको
सुना है उसमें सफ़्फ़ाकी बहुत है

✻

मिले जो इल्म की दौलत, जहालत जाती रहती है
ज़ियादा ऐश-ओ-इशरत से हुकूमत जाती रहती है

ख़ुदा का नाम लेने से मुसीबत जाती रहती है
ग़ुरूर आ जाये दिल में तो इबादत जाती रहती है

हमारे दिल से माल-ओ-ज़र की चाहत दूर रहने दो
जो दौलत पास आ जाये शुजा'अत जाती रहती है

किसी से बात जब करना तो लहजा नर्म ही रखना
जो कड़वाहट हो लहजे में हलावत जाती रहती है

जो शौक़-ए-फ़त्हमंदी है दिलों को जीत कर देखो
दिलों के जीत लेने से बग़ावत जाती रहती है

करो ख़ुद ही हिफ़ाज़त तुम यहाँ घर के चराग़ों की
ज़रा सी नींद से सदियों की मेहनत जाती रहती है

ग़रीबों के जो हक़ को छीन लेते हैं ज़माने में
दिलों से उनके ईमाँ की हरारत जाती रहती है

✲

तुझको अपना यहाँ बनाये कौन
और मुहब्बत में आज़माये कौन

हर तरफ़ नफ़रतों की आँधी है
प्यार के दीप अब जलाये कौन

अब खिलौने भी हो गये महँगे
मेरे बच्चों को ये बताये कौन

कोई अपना नज़र नहीं आता
पास अपने मुझे बुलाये कौन

अब ख़ुशी का नहीं है नाम-ओ-निशाँ
दिल में हो ग़म तो मुस्कुराये कौन

हर तरफ़ शह्र में है ख़ामोशी
हाल-ए-दिल किसको अब सुनाये कौन

कोई अपना नहीं यहाँ 'महताब'
बात बिगड़ी हुई बनाये कौन

✻

चाँदनी रात के जैसा कोई मंज़र देखा
हमने जब ग़ौर से उर्दू का मुक़द्दर देखा

हमने देखा ही नहीं दौलत-ए-दुनिया की तरफ़
जब भी देखा है तो अख़्लाक़ का ज़ेवर देखा

दफ़अतन आ गया फिर अहद-ए-गुज़िश्ता का ख़याल
उसने इक बार मिरी सिम्त जो मुड़कर देखा

लौट कर फिर नहीं वापस वो कभी घर आया
जिसने इक बार तिरी राह पे चल कर देखा

कामयाबी नहीं मिल पायी उसे दुनिया में
जिसने हाथों की लकीरों में मुक़द्दर देखा

जो किया करते हैं लोगों की हमेशा ग़ीबत
उनका चेहरा न कभी हमने मुनव्वर देखा

ऐसा लगता है मिरे ख़्वाब की ताबीर मिली
जब भी सहरा में कहीं हमने गुल-ए-तर देखा

बहर-ए-ज़ख़्ख़ार में देखे तो बहुत ग़ोताज़न
अपने जैसा न कोई हमने शनावर देखा

आज कुछ ख़ास है शायद तिरी महफ़िल 'महताब'
आईना उसने कई बार सँवर कर देखा

❁

दिन है उसका ये रात उसकी है
दह्र क्या कायनात उसकी है

अपने दुश्मन से ख़ौफ़ मत खाना
हौसला हो तो मात उसकी है

उसके बंदे हैं डाल-डाल अगर
तो पहुँच पात-पात उसकी है

वो ख़यालों में जिस के रहता है
वज्द में कायनात उसकी है

सर कटाता है राह-ए-हक़ में जो
मौत भी सद हयात उसकी है

उसकी चालें समझ सका न कोई
जाने कैसी बिसात उसकी है

नूर ही नूर है वो ज़ात-ए-हक़
ऐब से पाक ज़ात उसकी है

✻

ये मंज़र भी मुझ को दिखाते हैं आँसू
मैं रोता हूँ तो मुस्कुराते हैं आँसू

ये दौलत भी सबको मयस्सर नहीं है
कहाँ सबकी आँखों में आते हैं आँसू

ज़रा देर पलकों पे मेरी ठहर कर
मिरे ज़ब्त को आज़माते हैं आँसू

उधर उनके घर में चराग़ाँ हवा है
इधर आँख में झिलमिलाते हैं आँसू

ज़बाँ हाल-ए-दिल कह न पाये जहाँ पर
वहाँ बारहा काम आते हैं आँसू

हँसी दे के आये थे जिनके लबों को
वो आँखों को मेरी रुलाते हैं आँसू

मिरे मुस्कुराने के दिन आ रहे हैं
नज़र ख़्वाब में मुझ को आते हैं आँसू

जो ज़रदार हैं माल-ओ-ज़र वो लुटायें
हम अहल-ए-मुहब्बत लुटाते हैं आँसू

तिरी याद जब दिल पे देती है दस्तक
तो आँखों का दर खटखटाते हैं आँसू

✻

जाके रुकती है कहाँ उनकी नज़र देखा किये
जिस तरफ़ देखा न जाता था उधर देखा किये

उड़ नहीं पाये परिंदे वो कभी ऊँची उड़ान
शाख़ पर जो बैठे-बैठे बाल-ओ-पर देखा किये

गर्दिश-ए-हालात की नैरंगियाँ हम से न पूछो
हम वो मुफ़लिस हैं जो अक्सर माल-ओ-ज़र देखा किये

लोग जा कर लौट आये चाँद-तारों से मगर
हम तो बस अपने घरों के बाम-ओ-दर देखा किये

जिनको जाना था गये वो जानिब-ए-मंज़िल मगर
देखनेवाले फ़क़त गर्द-ए-सफ़र देखा किये

बारहा एहसास पर उतरी क़यामत की घड़ी
बारहा हम जानिब-ए-शाम-ओ-सहर देखा किये

हर क़दम 'महताब' जब उसकी नवाज़िश साथ थी
आँधियों को हम, हमें बर्ग-ओ-शजर देखा किये

✻

न भूल पायेंगे इस तरह चश्म तर करना
लहू-लहू तिरी फ़ुर्क़त में ये जिगर करना

ग़म-ए-हयात को कुछ यूँ भी मोतबर करना
कि हक़ की राह पे ये ज़िंदगी बसर करना

सबा जो कूचा-ए-जानाँ से तू कभी गुज़रे
हमारे हाल की जा कर उन्हें ख़बर करना

वो रास्ते की सऊबत से कैसे वाक़िफ़ हों
जिन्होंने सीखा नहीं आज तक सफ़र करना

कोई सितारा, न जुगनू, न कोई माह-ए-तमाम
शब-ए-फ़िराक़ की मुश्किल है अब सहर करना

मिले जो यार की जानिब से तुझको इज़्न-ए-सफ़र
हर एक गाम पे सजदे भी चश्म-ए-तर करना

हयात तेरी बिलआख़िर गुज़र ही जायेगी
इबादतों को न 'महताब' मुख़्तसर करना

❋

सैल-ए-ख़याल-ए-यार है, कुछ भी न हमसे पूछिए
चारों तरफ़ बहार है, कुछ भी न हमसे पूछिए

जब से गया है वो हमें तन्हाइयों में छोड़ कर
दिल कितना बेक़रार है, कुछ भी न हमसे पूछिए

जिस के दर-ए-नियाज़ पर शाह-ओ-गदा झुकायें सर
वो कैसा ताजदार है, कुछ भी न हमसे पूछिए

दैर-ओ-हरम से क्या ग़रज़, होश-ओ-ख़िरद से काम क्या
छाया हुआ ख़ुमार है, कुछ भी न हमसे पूछिए

काटे न कट सकेगी अब उसके बग़ैर ज़िंदगी
उसका ही इंतज़ार है, कुछ भी न हमसे पूछिए

रहता है लम्हा-लम्हा वो अपनी नज़र के सामने
उसका कहाँ दयार है, कुछ भी न हमसे पूछिए

उसकी निगाह क्या पड़ी दुनिया मिरी बदल गयी
उसका ही दिल शिकार है, कुछ भी न हमसे पूछिए

✻

फ़ज़ाओं को मोअत्तर चाहता हूँ
मैं हाथों में गुल-ए-तर चाहता हूँ

जो तेरे बाम-ओ-दर तक उड़ के पहुँचे
वो यादों के कबूतर चाहता हूँ

मिरी आँखों ने जो देखे नहीं हैं
ख़यालों में वो मंज़र चाहता हूँ

वो ज़हन-ओ-दिल मिरे बेदार रक्खे
मैं इक ऐसा सितमगर चाहता हूँ

बुझा दे तिश्नगी जो एक पल में
कोई ऐसा समन्दर चाहता हूँ

लिखा हो नाम जिसमें सिर्फ़ तेरा
मैं ऐसा ही मुक़द्दर चाहता हूँ

✻

मुसीबत रास्ते में किस क़दर आयी नहीं देखी
सफ़र में हमने अपनी आबलापाई नहीं देखी

हज़ारों बार आकर मौज टकरायी नहीं देखी
समन्दर की कभी साहिल ने गहराई नहीं देखी

जो भूके पेट रोटी के लिए दर-दर भटकती है
अमीरी ने ग़रीबी की वो रुस्वाई नहीं देखी

जो पलकों पर नहीं आये उन अश्कों तक पहुँच जाये
किसी की आँख में हमने वो बीनाई नहीं देखी

वो कमरे को ही अक्सर खेल का मैदां समझते हैं
मिरे बच्चों ने घर देखा है अँगनाई नहीं देखी

मज़ा मिलता है जिस ख़ल्वत में तुझसे बात करने का
किसी ने आज तक मेरी वो तन्हाई नहीं देखी

ज़माने को समझना तो बहुत आसान है लेकिन
मुकम्मल ज़ीस्त जो समझे वो दानाई नहीं देखी

बदन छलनी है फिर भी प्यार का नग़मा सुनाती है
करे जो ग़म बयाँ अपना वो शहनाई नहीं देखी

बुलंदी पर्बतों की सबने ऐ 'महताब' देखी है
किसी ने हौसले की मेरे ऊँचाई नहीं देखी

❁

दर्द की कोई इंतिहा ही नहीं
फिर भी लब पर मिरे गिला ही नहीं

उसने शिकवा कभी किया ही नहीं
ऐसा लगता वो ख़फ़ा ही नहीं

माँगता हूँ ख़ुदा से तुझ को मैं
और मैं कुछ भी माँगता ही नहीं

कोशिशें लाख कीं ज़माने ने
भेद उसका मगर खुला ही नहीं

प्यार ही इक चराग़ ऐसा है
आँधियों से कभी बुझा ही नहीं

वो बज़ाहिर तो हो गया रुख़्सत
दिल को अब तक यक़ीं हुआ ही नहीं

उसकी बातें तो सब ही करते हैं
उससे लेकिन कोई मिला ही नहीं

वो सफ़र की थकान क्या जाने
दो क़दम जो कभी चला ही नहीं

सरबलंदी नसीब कैसे हो
तेरा सर तो कभी झुका ही नहीं

तेरा दर छोड़ कर कहाँ जाते
दूसरा कोई दर मिला ही नहीं

जाम ऐसा मुझे मिला 'महताब'
जिसका नश्शा कभी गया ही नहीं

✻

ग़ैर का अब ख़याल, क्या मानी
कोई हुस्न-ओ-जमाल, क्या मानी

इब्तिदा और मआल, क्या मानी
हो जुनूँ को मलाल, क्या मानी

इश्क़ में जो भी उसके खोया हो
उसको हिज्र-ओ-विसाल, क्या मानी

सब की क़िस्मत लिखी है जब उसने
फिर सितारों की चाल, क्या मानी

फ़िक्र जिसको न ताज-ओ-तख़्त की हो
उसको जाह-ओ-जलाल, क्या मानी

✻

भूले बिसरे हुए फिर याद ज़माने आये
जाने क्यों याद मुझे लोग पुराने आये

आप यूँ ग़ौर से मुझको नहीं देखा कीजे
बात मुद्दत के वो ये बात बताने आये

मेरे इज़हार-ए-मुहब्बत पे वो हँस कर बोले
आप के होश अभी तक न ठिकाने आये

हमने देखा ही नहीं ग़ैर की दौलत की तरफ़
सामने लाख इन आँखों के ख़ज़ाने आये

जब से आँखों में बसाई है वो प्यारी सूरत
तब से रातों को मुझे ख़्वाब सुहाने आये

कल किया करते थे ज़ख़्मों की तिजारत जो यहाँ
आज मरहम वही ज़ख़्मों पे लगाने आये

दिल के दरवाज़े को मैं यूँ भी खुला रखता हूँ
काश वो मुझको ख़यालों में सताने आये

मुझको पहले ही से क़ाबू न था दिल पर 'महताब'
फिर सँवरकर वो मुझे ख़ुद को दिखाने आये

❋

हमने मुड़कर जिधर-जिधर देखा
उसका जलवा उधर-उधर देखा

जिसका साया था छाँव की मानिंद
उसको हमने शजर-शजर देखा

वो मुहब्बत का एक पैकर था
उसको हमने नज़र-नज़र देखा

जब भी वो शाह-राह से गुज़रा
उसको सबने ठहर-ठहर देखा

उसकी बातों में थी बला की मिठास
उसको हमने शकर-शकर देखा

मिल न पाये नुक़ूश-ए-पा उसके
हमने चल कर डगर-डगर देखा

उसके जैसा न कोई मिल पाया
लाख ढूँढा सफ़र-सफ़र देखा

उसका है तज़्किरा ज़माने में
सबने उसको ख़बर-ख़बर देखा

❋

हर घड़ी बार-ए-नदामत और हम
ज़ेहन में उनकी हिदायत और हम

जान कर अनजान बन जाते हैं वो
उनका ये तर्ज़-ए-इनायत और हम

पहले सोचा था चलो घर को चलें
फिर ये सोचा ये जसारत और हम

काश उड़कर हम पहुँच जाते वहाँ
रास्ते की ये सऊबत और हम

नींद अब आँखों में आती ही नहीं
हर घड़ी है उनकी फ़ुर्क़त और हम

अब हमारा उस पे बस चलता नहीं
दिल पे है उनकी हुकूमत और हम

उनकी याद आई तो आँखें नम हुईं
ऐसे जज़्बों की तहारत और हम

इश्क़ ने कुछ इस क़दर रुस्वा किया
हर तरफ़ संग-ए-मलामत और हम

✲

ज़बाँ से जब कोई इज़हार करना
तो फूलों की तरह गुफ़्तार करना

न लफ़्ज़ों को कभी बेकार करना
शऊर-ओ-फ़िक्र को बेदार करना

रमूज़-ए-इश्क़ से वाक़िफ़ हैं हम भी
हमें आता नहीं इंकार करना

गुज़र जाते हैं बेख़ौफ़-ओ-ख़तर वो
जिन्हें आता है दरिया पार करना

वो मानें या न मानें उनकी मर्ज़ी
हमारा काम है बेदार करना

हुनर वो ख़ूब इसका जानते हैं
है आतिश को कहाँ गुलज़ार करना

मुहब्बत में हमें आता नहीं है
तिजारत और कारोबार करना

मिरी आँखें हमेशा चाहती हैं
तुम्हारा हर घड़ी दीदार करना

❋

उनके लब पर जो हाँ पलट आयी
जिस्म में मेरे जाँ पलट आयी

जाके आख़िर कहाँ पलट आयी
आज फिर दास्ताँ पलट आयी

उसने घबरा के इस ज़माने से
मौत माँगी थी जाँ पलट आयी

बिन तुम्हारे ये लफ़्ज़ गूँगे थे
तुम जो आये ज़बाँ पलट आयी

खुश हुई मेरी तिश्नगी उस दम
दे के जब इम्तिहाँ पलट आयी

कैसी इतराई जब नज़र छू के
जलवा-ए-जान-ए-जाँ पलट आयी

तंग आ कर हमारी ख़ुद्दारी
छोड़ कर सायबाँ पलट आयी

जिन घरों में नहीं मिले मोमिन
उन घरों से अज़ाँ पलट आयीं

✻

ख़ुद अपने आप में कोई बेदार भी तो हो
जो दर्द सबका जाने वो ग़मख़्वार भी तो हो

पढ़ ले किताब-ए-दिल को वो फ़नकार भी तो हो
लिखता रहे जो सच वो क़लमकार भी तो हो

बातिल शिकन हमारा ये किरदार भी तो हो
अब्बास जैसा कोई अलमदार भी तो हो

तूफ़ान ख़ुद हुए हैं हमारी नज़र से दूर
जो रोक पाये हमको वो दीवार भी तो हो

जी चाहता है हम भी यहाँ पर ग़ज़ल कहें
सर पर हमारे तेग़ की झंकार भी तो हो

कैसे हमारे अज़्म का तू लेगा इम्तिहाँ
तूफ़ां हो, मौज-ए-तुंद हो मंझधार भी तो हो

इज़्ज़त तुझे मिलेगी ज़माने में ख़ुद-बख़ुद
रिज़्क़-ए-हराम से तुझे इंकार भी तो हो

शिद्दत की प्यास, गर्म हवा, धूप की तपिश
राहों में तेरी साया-ए-दीवार भी तो हो

देना तो चाहता हूँ मुहब्बत का इम्तिहाँ
वो मेरे इम्तिहान को तैयार भी तो हो

मंज़िल पे कैसे पहुँचेगा अब कोई कारवाँ
इस तीरगी में नूर का मीनार भी तो हो

सबने मुहब्बतों के तो दावे किये मगर
मुश्किल के वक़्त कोई मददगार भी तो हो

होती है झूम-झूम के रहमत की बारिशें
दिल रहमत-ए-ख़ुदा का तलबगार भी तो हो

✻

मिरे दिल में उतरना चाहते हैं
न जाने क्यों बिखरना चाहते हैं

डुबो कर ख़ून-ए-दिल में फिर क़लम को
ग़ज़ल में रंग भरना चाहते हैं

हैं महव-ए-गुफ़्तुगू तन्हाइयों से
ख़यालों में ठहरना चाहते हैं

छलक कर अश्क जो पलकों पे ठहरे
वो दामन पर उतरना चाहते हैं

न छूने पायेंगे वो ख़ुशबुओं को
हदों से क्यों गुज़रना चाहते हैं

बनाकर आईना आँखों को मेरी
मिरे दिलबर सँवरना चाहते हैं

नुमाइश करके सीम-ओ-ज़र की अपने
वो लोगों में उभरना चाहते हैं

*

आओ कुछ देर गुफ़्तुगू हो जाये
क़िस्सा-ए-दर्द रूबरू हो जाये

अश्क पलकों पे इसलिए आये
आँख फिर मेरी बावुज़ू हो जाये

है कशिश ऐसी उनके जलवों की
जो भी देखे वो सुर्ख़रू हो जाये

सारी दुनिया से दूर हो जाऊँ
ज़िन्दगी उसकी जुस्तुजू हो जाये

आज जी भर के हम करें बातें
आप से तुम हो तुम से तू हो जाये

आरज़ू जो भी हो मिरे दिल की
काश उसकी वो आरज़ू हो जाये

उनके आने से रौनक़े बढ़ जाएँ
नूर ही नूर चार-सू हो जाये

✻

बदलकर भेस अपना हम अदाकारी नहीं करते
हम अपने दीन से मज़हब से ग़द्दारी नहीं करते

बिछा कर जाल बोली बोलते हैं वो परिंदों की
शिकारी हम भी हैं लेकिन रियाकारी नहीं करते

वही बेख़ौफ़ आते हैं नज़र हमको ज़माने में
जो औरों के लिए बेदार दुश्वारी नहीं करते

जो अपनी मौत को बढ़कर गले ख़ुद से लगाते हैं
वो ख़ुद पर दुश्मनों के ख़ौफ़ को तारी नहीं करते

हमारा जिस क़दर नुक़सान ऐ 'महताब' हो जाये
मगर हम लोग अपनों की दिल आज़ारी नहीं करते

✽

मिरे टूटे हुए ख़्वाबों की ये ताबीर लिख देना
जहाँ पाज़ेब लिखना हो वहाँ ज़ंजीर लिख देना

मुहब्बत करनेवालों का जहाँ पे तज़्किरा आये
मिरी आँखों में जो रहती है वो तस्वीर लिख देना

उजाले हर ज़माने में हमारे साथ रहते हैं
जहाँ हो तीरगी लिखना वहाँ तनवीर लिख देना

ग़ुबार-ए-राह, नम आँखें, हुजूम-ए-यास चेहरे पर
सफ़र की दास्ताँ लिखना तो ये तहरीर लिख देना

मुरत्तब जब मसाइब की कभी तुम दास्ताँ करना
मिरी तक़दीर में उनकी नज़र के तीर लिख देना

वफ़ा की राह में क़ुर्बानियों का ज़िक्र जब आये
कहीं 'अब्बास' लिख देना कहीं 'शब्बीर' लिख देना

✻

दिल को आख़िर प्यार भला क्यों होता है
सबको ये आज़ार भला क्यों होता है

दिल ने जब इक़रार किया है उलफ़त का
होंठों पर इंकार भला क्यों होता है

कोई मज़हब नहीं सिखाता है तो फिर
इतना अत्याचार भला क्यों होता है

जागते में उसको तो कभी देखा ही नहीं
ख़्वाबों में दीदार भला क्यों होता है

उसकी बातें पहले शह्द-सी मीठी थीं
लहजा अब तलवार भला क्यों होता है

सच्चाई पर सब चलने को कहते हैं
रस्ता ये दुश्वार भला क्यों होता है

अम्न की बातें करनेवाला, ऐ दुनिया
तेरी नज़र में ख़्वार भला क्यों होता है

✻

ज़ख़्म दिल पर मिरे लगा भी दिया
मुँह छुपाकर वो मुस्कुरा भी दिया

उसने रक्खा भरम भी तौबा का
जाम मुझको मगर पिला भी दिया

सर तो अपना रहा बुलंदी पर
रब के आगे मगर झुका भी दिया

उसने इस तरह फेर लीं आँखें
हँसते-हँसते मुझे रुला भी दिया

लोग कहते हैं वो पशेमाँ है
क़त्ल पर मेरे ख़ूँबहा भी दिया

हर घड़ी आह ठेस और जलन
इश्क़ का उसने ये सिला भी दिया

❋

कभी चिलमन, कभी पर्दा, कभी जलवा देखा
जिस तरफ़ डाली नज़र यार का चेहरा देखा

एक क़तरे में कभी देखा समन्दर हमने
और समन्दर को कभी क़ैदी-ए-क़तरा देखा

तब से नज़रों में मिरी कोई समाया ही नहीं
जबसे आँखों ने तिरा हुस्न-ए-सरापा देखा

अब तो ये तिश्ना लबी और भी बढ़ जायेगी
हमने जो ख़्वाब में बहता हुआ दरिया देखा

हमने देखे हैं कभी दश्त में खिलते हुए फूल
और चमन को कभी बनते हुए सहरा देखा

उसकी ताबीर ने पहरों मुझे बेचैन किया
जब भी 'महताब' कोई ख़्वाब सुनहरा देखा

✽

मुहब्बत का जहाँ संगम न होगा
वहाँ अम्न-ओ-अमाँ क़ायम न होगा

भले ही सात पर्दों में रहे वो
मिरा ज़ौक़-ए-नज़र कुछ कम न होगा

बसा है वो मिरे क़ल्ब-ओ-जिगर में
मुझे फ़ुर्क़त का कोई ग़म न होगा

घटायें लाख बरसें सावनों की
मगर दामन हमारा नम न होगा

यही तो इश्क़ की दुश्वारियाँ हैं
करम होगा मगर पैहम होगा

वहीं 'महताब' अब जा कर रहेंगे
जहाँ मुझसे कोई बरहम न होगा

✻

तुम्हारी याद जब आती है सावन याद आता है
बहारों से भरा रंगीन आँगन याद आता है

वो जब झूले पड़े थे बाग़ में आमों की डालों पर
तुम्हारा झूलता झूले में बचपन याद आता है

तिरी काग़ज़ की छोटी नाव जब पानी में डूबी थी
तिरी आँखों में आँसू और बुझा मन याद आता है

खिलौनों के लिए हर बार अपनी माँ से ज़िद करना
वो मोटरकार, गुड़िया और इंजन याद आता है

जहाँ करते थे हम अटखेलियाँ सब साथ मिल-जुल कर
वो अनबन याद आती है वो मधुबन याद आता है

भरे तालाब के पानी में अक्सर देखना चेहरा
तिरा वो तोड़ना कंकर से दर्पन याद आता है

✻

हवा के दोश पे उड़ता गुलाल लगता है
धनक के रंग लिए वो हिलाल लगता है

उसे मैं चाँद कहूँ फूल या कहूँ संदल
मैं उसको क्या कहूँ वो बे-मिसाल लगता है

अब उसकी याद मिरे साथ-साथ है यारो
कोई ख़याल हो उसका ख़याल लगता है

मैं उसको देखूँ तो इक नूर-सा नज़र आये
नज़र हटाऊँ तो जीना मुहाल लगता है

जब उसके पास मैं जाऊँ फ़ज़ाएँ पाक लगें
वो इक फ़क़ीर है जो पुर-जमाल लगता है

उरूज-ए-शम्स को लाज़िम ज़वाल है लेकिन
वो ऐसा शम्स है जो लाज़वाल लगता है

✲

ज़मीर बेच के अपना जो घर गये होंगे
वो मौत आने से पहले ही मर गये होंगे

हवा के साथ मिरे अश्क-ए-तर गये होंगे
वो जाने मुझसे बिछड़कर किधर गये होंगे

जिन्होंने घर में ही अपने समेट ली दुनिया
फ़रेब-ओ-मक्र से वो लोग डर गये होंगे

महकती होंगी वो सारी ही बस्तियाँ अब भी
ख़ुदापरस्त जिधर से गुज़र गये होंगे

करम की जिन पे नज़र उनकी पड़ गयी होगी
वो सारे बिगड़े मुक़द्दर सँवर गये होंगे

वो पेड़ हों कि परिंदे हों या कि हों तालाब
बसा है शह्र तो सारे बिखर गये होंगे

✻

दिखाकर जो गये अजदाद मंज़र
वही हैं ज़ीस्त की बुनियाद मंज़र

वही पहली-सी है अब भी उदासी
किये हमने बहुत ईजाद मंज़र

अजल ने उसको मोहलत ही नहीं दी
इरम के देखता शद्दाद मंज़र

मिरी आँखों ने देखें हैं हमेशा
क़फ़स में रह के भी आज़ाद मंज़र

किसी घर में है जश्ने-चराग़ाँ
किसी के घर में है बर्बाद मंज़र

मिरी आँखें लहू रोने लगी हैं
वो याद आये हैं जब आबाद मंज़र

वो उलझा ही रहा 'महताब' ख़ुद में
वो कैसे देखता बर्बाद मंज़र

✻

हो दिल से भी ज़बाँ से भी इक़रार है वही
आँखों से जो बयान हो इज़हार है वही

जो अपने नफ़्स पर चले बातिल के हल्क़ पर
अहल-ए-यक़ीं की अस्ल में तलवार है वही

क़ुर्बान राह-ए-इश्क़ में जो कर दे जान-ओ-माल
इस मंज़िल-ए-सलूक में दिलदार है वही

सर दे के जिस के होंठों पे शुक्र-ए-ख़ुदा रहे
नज़रों में मेरी क़ौम का सरदार है वही

जिसकी जबीं पे आये न मुश्किल में भी शिकन
दुनिया से कुछ न चाहे जो ख़ुद्दार है वही

अपने लिए तो जागते रहते हैं सब ही लोग
जागे जो रब की याद में बेदार है वही

नुक़ूश-ए-अहद-ए-माज़ी को अँधेरे चाट लेते हैं
अगर हो बेहिसी सदियों को लम्हे चाट लेते हैं

पनपने ही नहीं देते कभी ज़रदार मुफ़लिस को
घने पेड़ों के साये छोटे पौदे चाट लेते हैं

बहुत दिन तक अगर संदूक़ में रक्खे रहें कपड़े
तो ये सच है कि उन कपड़ों को कीड़े चाट लेते हैं

हिफ़ाज़त जो भी घर अपने चराग़ों की नहीं करते
उसी घर के उजालों को अँधेरे चाट लेते हैं

हम अपनी तिश्नगी ज़ाहिर नहीं करते ज़माने पर
लगी हो प्यास तो होठों को अपने चाट लेते हैं

नमी फूलों की तो बर्दाश्त होती ही नहीं उनसे
गुलों पर ओस गिरती है तो भँवरे चाट लेते हैं

हमीं से ज़र्फ़, ग़ैरत और हया मंसूब है 'महताब'
अना पर आँच आ जाये तो हीरे चाट लेते हैं

✻

जो राह-ए-हक़ पे चला वो सईद होता है
करम ख़ुदा का उसी पर मज़ीद होता है

ये कर्बला की अलामत न ख़त्म होगी कभी
हर एक दौर में कोई यज़ीद होता है

हमारे शेर रिवायत के पासदार तो हैं
मगर ख़याल हमारा जदीद होता है

हमेशा करती है उसको सलाम ये दुनिया
जो अपने मुल्क की ख़ातिर शहीद होता है

उसी का चेहरा चमकता है चाँद के जैसा
वो जिसके दिल में कलाम-ए-मजीद होता है

किसी से प्यार करोगे तो जान जाओगे
कि दर्द-ए-इश्क़ भी कितना शदीद होता है

वतन से पास-ए-वफ़ा तुम हमें न सिखलाओ
हमारा बच्चा भी अब्दुल हमीद होता है

सभी को मिलती नहीं क़ुर्बतें यहाँ 'महताब'
नसीबवाला किसी का मुरीद होता है

✻

वो अपनी सूनी हवेली सजायेगा इक दिन
किसी बहाने से मुझको बुलायेगा इक दिन

जो उसने इश्क़ का इक रोग पाल रक्खा है
ये देख लेना वो नींदें चुरायेगा इक दिन

वो मुझ को छोड़ के तन्हा चला गया लेकिन
यक़ीन है मुझे वो लौट आयेगा इक दिन

ज़माने भर में वो रुस्वा न हो इसी डर से
छुपा के मेरे ख़तों को जलायेगा इक दिन

न जाने क्यों मुझे महसूस हो रहा है आज
वो ख़्वाब में मुझे आकर जगायेगा इक दिन

लिखेगा नाम हथेली पे वो मिरा 'महताब'
फिर उसके बाद यक़ीनन मिटायेगा इक दिन

ज़िंदगी से गिला नहीं होता
वो जो मुझ से मिला नहीं होता

मंज़िलें मुझ से दूर हो जातीं
दो क़दम गर चला नहीं होता

दिल चुरा के वो खो गया है कहाँ
इश्क़ का ये सिला नहीं होता

उसको देखूँ तो कुछ क़रार आये
ज़िक्र से अब भला नहीं होता

वो गुज़रता नहीं चमन से अगर
फूल कोई खिला नहीं होता

✻

जहाँ हम प्यार से मिलते हैं मुस्लिम और हिंदू से
हमारा दिल महकता है इसी मिट्टी की ख़ुशबू से

धरम के नाम पर आपस में झगड़ा डालते हैं जो
बहुत होशियार रहिए ऐसे मुल्ला, ऐसे साधू से

परिंदे हों, चरिंदे हों, दरिंदे हो कि इंसाँ हों
कोई बच ही नहीं सकता मुहब्बत तेरे जादू से

अँधेरा ख़ुद को चाहे जितना ताक़तवर समझता हो
मगर सच्चाई है कि ख़ौफ़ खाता है वो जुगनू से

ये वो जज़्बा है जिसकी कोई क़ीमत ही नहीं होती
मुहब्बत को न तौला जाये दौलत के तराज़ू से

हमें तो सिर्फ़ आती है मुहब्बत की ज़बाँ यारो!
ग़रज़ हिंदी से है मतलब न हमको कोई उर्दू से

ये दुनियादार उसको क्या समझ पायेंगे ऐ 'महताब'
जो ख़ुशबू मुश्क की फैली है जंगल में इक आहू से

✽

शर्म टूटी, हिजाब टूटा है
आज कल ये अज़ाब टूटा है

मुद्दतों बाद नींद आयी थी
मुद्दतों बाद ख़्वाब टूटा है

कह रही है चमन की ख़ामोशी
कोई ताज़ा गुलाब टूटा है

फिर हुआ शहर-ए-जाँ में सन्नाटा
फिर ये ख़ाना-ख़राब टूटा है

मैंने खाये हैं बेहिसाब फ़रेब
दिल मिरा बेहिसाब टूटा है

उसने तोड़ी है इस तरह तौबा
जैसे जाम-ए-शराब टूटा है

आसमाँ सिर्फ़ इक ज़मीं के सिवा
किस पे तेरा अज़ाब टूटा है

आप झुंझलाइए न चेहरे पर
आइना ही जनाब टूटा है

टूट जायेगी साँस भी इक दिन
जैसे बनकर हुबाब टूटा है

❁

ये लाज़मी है ग़म-ए-मुश्तरक सँभाल के रख
कहीं ज़मीन कहीं पर फलक सँभाल के रख

कहीं न छीन लें रौनक़ उदासियाँ तेरी
तू अपने चेहरे की थोड़ी चमक सँभाल के रख

इसी ज़मीन में इक दिन तुझे भी जाना है
न आये पाँव से तेरे धमक सँभाल के रख

ये धुल न जाये कहीं आँसुओं की बारिश में
तू अपनी आँखों में रंगीं धनक सँभाल के रख

ये ख़ुशबूओं का सफ़र ख़त्म हो न जाये कहीं
मशाम-ए-जाँ में गुलों की महक सँभाल के रख

अगर बढ़े तो करेगा दवा का काम यही
ये दर्द-ए-दिल है इसे देर तक सँभाल के रख

हर एक ज़ख़्म हरा है अभी मिरे दिल का
मिरे अज़ीज़ अभी कुछ नमक सँभाल के रख

जिसे भी देखो वो नाक़िद है आजकल 'महताब'
तू अपने शेर की नोक-ओ-पलक सँभाल के रख

✽

न शाख़ें न कोई शजर काटते हैं
जो बोया वही उम्र भर काटते हैं

वही हो गये हैं मुख़ालिफ़ चमन के
जो गुलशन में शाम-ओ-सहर काटते हैं

जो मशहूर हैं मेरे फ़न की बदौलत
वही मेरा दस्त-ए-हुनर काटते हैं

कभी याद उनकी जो ख़ल्वत में आयी
तो हमको ये दीवार-ओ-दर काटते हैं

फ़लक पर जिन्हें मैंने उड़ना सिखाया
वही अब मिरे बाल-ओ-पर काटते हैं

कभी रोज़ मिलते थे इक-दूसरे से
मगर अब नज़र से नज़र काटते हैं

❊

मिले जो प्यार से रंज-ओ-मलाल भूल गये
बिसात-ए-ज़ीस्त पे ख़ुद अपनी चाल भूल गये

तमीज़ अच्छे-बुरे की नहीं रही उनको
हवस बढ़ी तो हराम-ओ-हलाल भूल गये

था नाज़ जिनको बहुत अपनी बादशाही पर
पड़ा जो वक़्त तो जाह-ओ-जलाल भूल गये

ये किस मक़ाम पे लायी तिरी तलाश हमें
कि जिस मक़ाम पे हिज्र-ओ-विसाल भूल गये

ये मेरे बच्चों को एहसास-ए-मुफ़्लिसी तो नहीं
ख़मोश रहते हैं करना सवाल भूल गये

अजब कशिश थी, चमक धी, सुकूँ था चेहरे पर
उसे जो देखा तो ज़िक्र-ए-हिलाल भूल गये

वो मुँह छुपायेंगे कल अपना आस्तीनों में
जो लोग आज अज़ान-ए-बिलाल भूल गये

*

लब-ओ-रुख़्सार न ये तिल की तरफ़ जाता है
सिलसिला इश्क़ का बस दिल की तरफ़ जाता है

बाँधकर सर पे कफ़न हक़ को बचाने के लिए
कौन अब कूचा-ए-क़ातिल की तरफ़ जाता है

हौसला जिस में हो तूफ़ान से टकराने का
बस सफ़ीना वही साहिल की तरफ़ जाता है

राह में आग का सहरा हो कि ग़म का दरिया
इश्क़ हर हाल में मंज़िल की तरफ़ जाता है

गुफ़्तगू याद बहुत आती है मुझको 'महताब'
जब तसव्वुर तिरी महफ़िल की तरफ़ जाता है

✽

वो झूठे क़िस्से कहानी सुना के लूटते हैं
अजीब लोग हैं जो मुस्कुरा के लूटते हैं

ख़ुदा का ख़ौफ़ नहीं है दिलों में अब उनके
जो लोग दीन-ओ-धरम को भुला के लूटते हैं

नज़र में है मिरे केदारनाथ का मंज़र
कुछ ऐसे भी हैं जो लाशों को जा के लूटते हैं

हमें तो कोई भी ख़तरा नहीं है दुश्मन से
हमें तो दोस्त ही अपना बना के लूटते हैं

बहुत से ऐसे मुक़र्रिर भी हैं ज़माने में
धर्म के नाम से हमको डरा के लूटते हैं

हसीन लोगों से तुम दूर-दूर ही रहना
वो अपने हुस्न जलवे दिखा के लूटते हैं

वो और हैं जो बचाते हैं माल-ओ-ज़र अपना
हम अपने प्यार को सब पर लुटा के लूटते हैं

✽

सच तो ये है कि मिरे ख़्वाब की ताबीर है तू
मेरे दिल में जो बसी है वही तस्वीर है तू

अब तो उठते ही नहीं ग़ैर की जानिब ये क़दम
ऐसा लगता है मिरे पाँव की ज़ंजीर है तू

मैं ने हाथों की लकीरों में यही देखा है
मेरी क़िस्मत, मिरी दुनिया, मिरी तक़दीर है तू

ज़ेहन-ओ-दिल से मैं भला कैसे भुला दूँ तुझको
रब से मुझको जो मिली है वही जागीर है तू

अब अँधेरों से मुझे ख़ौफ़ नहीं लगता है
साथ हर वक़्त जो रहती है वो तनवीर है तू

तू ने हर हाल में रक्खा है मुहब्बत का भरम
कभी शोला, कभी शबनम, कभी शमशीर है तू

ऐ मुहब्बत तुझे किस नाम से मैं याद करूँ
कभी लैला, कभी शीरीं, तो कभी हीर है तू

❊

कुछ ऐसे लोग हैं जो प्यार के गौहर उठाते हैं
कुछ अपनी लाश ख़ुद अपने ही काँधों पर उठाते हैं

दबे-कुचलों की बस्ती है ज़रा ख़ामोश ही रहना
उन्हीं का क़त्ल होता है यहाँ जो सर उठाते हैं

तुम्हारी याद हमको चैन से सोने नहीं देती
चलो अपना यहाँ से बोरिया-बिस्तर उठाते हैं

ख़ुद अपने आप का किरदार भी तो देख लें पहले
किसी पर जब कभी उँगली कभी पत्थर उठाते हैं

मसाइल हैं अगर उनका तो कोई हल भी निकलेगा
ग़मों के बोझ को हम लोग तो हँसकर उठाते हैं

हमारा काम है दुनिया में सबकी ऐब पोशी का
कुछ ऐसे लोग हैं जो ऐब से चादर उठाते हैं

बहुत है शौक़ तूफ़ानों से टकराने का जो 'महताब'
तो हम अपनी ही कश्ती का चलो लंगर उठाते हैं

✲

इक आफ़ताब के ढलने के बाद आयी है
ये शाम धूप में चलने के बाद आयी है

मैं सोचता हूँ कि जलने के बाद आयी है
ज़िया तो शमअ पिघलने के बाद आयी है

ख़ुशी के बाद है ग़म और ग़म के बाद ख़ुशी
ये सुब्ह रात के ढलने के बाद आयी है

ये भीनी-भीनी सी ख़ुशबू मिरे ख़यालों में
तुम्हारी याद मचलने के बाद आयी है

फिर उसकी याद सर-ए-शाम हादसों की तरह
तमाम उम्र निकलने के बाद आयी है

यूँ ही तो आयी नहीं है ये सुरमई रंगत
ये दिल की आग में जलने के बाद आयी है

अदा सँभलने की ये मेरी ज़ात में 'महताब'
तमाम उम्र फिसलने के बाद आयी है

✼

कहाँ तक उनसे रहते कट-कटा के
बहुत खुश हैं हम उनसे बट-बटा के

अचानक सामना उनसे हुआ जब
तो वो भी रह गये हैं सट-पटा के

हमेशा दी हैं जी भर कर दुआयें
वो जब भी घर में आये घुट-घुटा के

वहाँ पर हाथ मलते रह गये वो
यहाँ हम रह गये हैं छट-पटा के

कोई मुहतात रहना उनसे सीखे
निकलते हैं वो सबसे हट-हटा के

हमारे वास्ते इतना है काफ़ी
बचा है पास जो भी घट-घटा के

बहुत अशआर हमने कह लिए थे
बस इतने ही बचे हैं छंट-छंटा के

ज़रा कह दे कोई बर्क़-ए-तपाँ से
कि बिजली अब उठेगी आशियाँ से

जो कल थे बहुत ही बदगुमाँ से
वही हैं आज हम पर मेहरबाँ से

तसव्वुर में यक़ीं की मंज़िलें हैं
तअल्लुक़ क्या मिरा वहम-ओ-गुमाँ से

मिरे हालात पर क्यों हँस रहे हो
गुज़रना है तुम्हें भी इम्तिहाँ से

तपिश एहसास की बढ़ने लगी है
धुआँ-सा उठ रहा है जिस्म-ओ-जाँ से

ये उनकी माँग में अफ़्शाँ तो देखो
उतर आयी है जैसे कहकशाँ से

ये सहरा है यहाँ पानी नहीं है
न धोके खाइये रेग-ए-रवाँ से

ये मेरी ज़िन्दगी का सारा मंज़र
बदल जाता है तेरी एक हाँ से

ख़ुदा जाने हुआ क्या नाख़ुदा को
लिपटकर रो रहा है बादबाँ से

वो क्या आदाब समझायेंगे हमको
जो वाक़िफ़ ही नहीं उर्दू ज़बाँ से

निकल आये हैं अफ़साने हज़ारों
मिरी भूली हुई इक दास्ताँ से

बुराई लाख है दुनिया में लेकिन
ख़ुशी से कौन जाता है यहाँ से

ये दुनिया क्या सँवर जायेगा उक़्बा
दुआ के लफ़्ज़ माँगों अपनी माँ से

हमें मुज़्दे सुनाये जा रहे हैं
हर इक लम्हे में आवाज़-ए-अज़ाँ से

न हिंदू-सिख, ईसाई न मुस्लिम
मुहब्बत है हमें सारे जहाँ से

बदन को रूह से होती है जैसे
वो निस्बत है मिरी हिंदोस्ताँ से

✲

उसे जो दूर से देखूँ तो संग लगता है
उसे जो छू लूँ तो वो जल-तरंग लगता है

यहाँ तो पहले मुहब्बत थी इंकिसारी की
पर अब ये शह्र तो मैदान-ए-जंग लगता है

अमीर-ए-शहर तिरी हैसियत बची इतनी
हवा में एक कटी-सी पतंग लगता है

यही तो सच है कि पैदल सफ़र में रहता हूँ
कि बैठे रहने से घुटनों में ज़ंग लगता है

ज़माने भर के सितम उसने कर लिए बर्दाश्त
वो पहले फूल था जो आज संग लगता है

कोई तो बात है आख़िर ये क्या हुआ 'महताब'
उड़ा-उड़ा तिरे चेहरे का रंग लगता है

*

अपने होंठो पे जो हर वक़्त दुआ रखते हैं
अपना अंदाज़ वो ओरों से जुदा रखते हैं

क्या डरायेंगे भला उनको ज़माने वाले
ख़ौफ़-ए-दुनिया नहीं जो ख़ौफ़-ए-खुदा रखते हैं

जिसको देखो वो खिंचा जाता है उनकी जानिब
गुफ़्तुगू की वो अनोखी सी अदा रखते हैं

उनको ही इज़्ज़तें मिलती हैं ज़माने भर में
अपनी बातों का भरम जो भी सदा रखते हैं

क्या मिटायेंगे भला उन को ज़माने वाले
सिर पे अपने जो दुआओं की रिदा रखते हैं

है बुज़ुर्गों के चमन ज़ार से निस्बत अपनी
जान-ओ-दिल, होश-ओ-ख़िरद उन पे फ़िदा रखते हैं

जिसे सुन ले तो कहे सारा ज़माना लब्बैक
अपने अफ़्कार में हम ऐसी सदा रखते हैं

✻

जो वादा हमने किया था उसे निभाने दो
वो आज़माता है हमको तो आज़माने दो

फिर उसके बाद सुनायेंगे दास्ताँ अपनी
थकन सफ़र की है कुछ देर समथियाने दो

कभी है हाथ में मेंहदी कभी है सर में दर्द
किये हैं उसने हमेशा यही बहाने दो

किया है तीर-ए-नज़र से दिल-ओ-जिगर छलनी
है तीर एक मगर उनके हैं निशाने दो

यही तो ग़म को भुलाने का इक वसीला है
कुछ और देर ये आँसू हमें बहाने दो

✽

वफ़ा, ख़ुलूस के पैकर तलाश करती है
शऊर-ओ-फ़िक्र का ज़ेवर तलाश करती है

तलाश करती है मुद्दत से जिसको ये दुनिया
मिरी निगाह वो महवर तलाश करती है

रग-ए-गुलू से भी नज़दीकतर है वो हरदम
तिरी नज़र जिसे बाहर तलाश करती है

क़सम उठायी है जबसे सँभल के चलने की
हमारे पाँव को ठोकर तलाश करती है

उसे कहो मिरी दस्तार छू के दिखलाये
वो दुश्मनी जो मिरा सर तलाश करती है

मैं अपनी जंग अकेला लड़ा ज़माने से
वो बुज़दिली है जो लश्कर तलाश करती है

पता किसी से नहीं पूछती है ये दुनिया
नदी तो ख़ुद ही समन्दर तलाश करती है

बुतों के शह्र में सज्दा कहाँ किया जाये
जबीन-ए-शौक़ तिरा दर तलाश करती है

बड़ी अजीब है दुनिया की सोच भी 'महताब'
हथेलियों में मुक़द्दर तलाश करती है

✻

उसी के दिल में वीरानी बहुत है
जिसे एहसास-ए-सुल्तानी बहुत है

हमारे वास्ते इतना है काफ़ी
तुम्हारे दर की दरबानी बहुत है

वो अक्सर तोड़ देते हैं खिलौने
कि जिन बच्चों में नादानी बहुत है

कहीं पर है सराबों का तसलसुल
कहीं दरिया में तुग़्यानी बहुत है

ख़ुदा के वास्ते अब आ भी जाओ
कि महफ़िल भी तो नूरानी बहुत है

कहीं देखा है उसको मैंने शायद
ये सूरत जानी-पहचानी बहुत है

कोई तो बात है 'महताब हैदर'
जो रुख़ पर आज ताबानी बहुत है

*

ज़माने में सलीक़ा ढूँढती है
वफ़ा नादान है क्या ढूँढती है

वो जिसने धूप की शिद्दत सही थी
वही दीवार साया ढूँढती है

रवाँ जो रेत है सहरा में शायद
बहुत प्यासी है दरिया ढूँढती है

ग़रीबी ढूँढती-फिरती है रोटी
अमीरी चाँदी-सोना ढूँढती है

यहाँ मिलता नहीं है आदमी भी
मगर दुनिया फ़रिश्ता ढूँढती है

न जादूगर न कोई है मदारी
मगर दुनिया तमाशा ढूँढती है

ज़मीं से अर्श तक जो ले के जाये
दुआ ऐसा वसीला ढूँढती है

❊

ख़मोशी से ग़ज़ल को सुन रहे हैं
वो शायद ख़्वाब कोई बुन रहे हैं

ख़राशें जिनकी हैं मेरे बदन पर
वो तेरे हाथ के नाख़ुन रहे हैं

हमेशा खेत-खलिहानों में पहले
कभी कोदौ, कभी काकुन रहे हैं

मिरे दिल में तिरी यादों के मौसम
कभी सावन, कभी फागुन रहे हैं

हवाओं से जिन्हें महफ़ूज़ रक्खा
वो गेहूँ आजकल क्यों घुन रहे हैं

इधर ख़ुशियाँ मनायी जा रही हैं
उधर वो सर को अपने धुन रहे हैं

अगर थीं ख़ूबियाँ तुझमें बहुत-सी
तो मुझमें भी बहुत-से गुन रहे हैं

उसे काटो न, तुमको छाँव देगा
कभी उस पेड़ में जामुन रहे हैं

ख़ुदाई का जो दावा कर रहे थे
वो उसका एक लफ़्ज़-ए-कुन रहे हैं

मिरी शोहरत, मिरी मक़बूलियत से
न जाने लोग क्यों जल भुन रहे हैं

गिरे जो आपकी आँखों से आँसू
उन्हें मिस्ल-ए-गुहर हम चुन रहे हैं

ख़ता होता नहीं कोई निशाना
गुरु क्या आपके अर्जुन रहे हैं

❃

तेरे आशिक़ हैं कई और कई बीमार भी हैं
जिसमें दाना कई आक़िल कई हुशियार भी हैं

कुछ तो हर वक़्त तुझे दिल में छुपाकर खुश हैं
और कुछ लोग तिरे तालिब-ए-दीदार भी हैं

ऐ मुहब्बत तिरे दुश्मन हैं ज़माने में बहुत
और बहुत लोग यहाँ तेरे तरफ़दार भी हैं

तेरी रहमत के तलबगार हैं शामिल जिस में
उस में आबिद भी हैं, ज़ाहिद भी गुनाहगार भी हैं

इक झलक हुस्न की पाने के लिए दुनिया में
नाम पोशीदा कई साहिब-ए-किरदार भी हैं

तुझ को मालूम नहीं है ये मगर बात है सच
तेरी चाहत में कई लोग गिरफ़्तार भी हैं

✻

वो क़िस्से भूल जाते हैं कहानी भूल जाते हैं
ग़ज़ल कहते हैं अल्फ़ाज़-ओ-मआनी भूल जाते हैं

जहाँ से इब्तिदा की थी वहीं से रोज़ पढ़ते हैं
किताब-ए-इश्क़ में रखना निशानी भूल जाते हैं

वही पस-पा वही बर्बाद होते हैं ज़माने में
जो इस दुनिया में हुक्म-ए-आसमानी भूल जाते हैं

बहारों से कोई उनका ताल्लुक़ ही नहीं शायद
बहारों की हसीं वो रुत सुहानी भूल जाते हैं

हैं उनके ही मुक़द्दर में हमेशा जाम कौसर के
ख़ुदा की राह में प्यासे जो पानी भूल जाते हैं

बहुत से लोग ऐसे भी हैं इस दुनिया-ए-फ़ानी में
जो चाहत में मकां की ला-मकानी भूल जाते हैं

उन्हीं के घर से रहमत और बरकत जाती रहती है
जो अपने मेहमाँ की मेज़बानी भूल जाते हैं

✻

उन्हें जो देखा तो दिल पाक-साफ़ करने लगे
और अपने रुख़ पे हया का ग़िलाफ़ करने लगे

न जाने कैसी कशिश थी कि देखकर उनको
तमाम लोग उन्हीं का तवाफ़ करने लगे

पढ़ाया जिनको अलिफ़-बे का क़ायदा हमने
हमीं से लोग वही शीन-क़ाफ़ करने लगे

तमाम उम्र तो लिपटे रहे गुनाहों से
हुए ज़ईफ़ तो अब एतिकाफ़ करने लगे

जो मुनकशिफ़ हुआ लोगों पे हाल-ए-दिल मेरा
तो अपनी बात का सब इंकिशाफ़ करने लगे

उन्हें ख़याल जब आया मिरी वफ़ाओं का
तो मेरी सारी ख़तायें मुआफ़ करने लगे

✻

जो हक़ीक़त है ज़माने पे अयाँ करते हैं
हम तो अशआर से हालात बयाँ करते हैं

रोज़ अख़बार जो पढ़ते हैं तो ये लगता है
ऐसे वादे तो बहुत लोग यहाँ करते हैं

अपनी क़िस्मत पे वही लोग बहुत रोते हैं
जो क़लम बेच के बच्चों को जवाँ करते हैं

प्यार, हमदर्दी, मुहब्बत कि ख़ुलूस और वफ़ा
आजकल लोग ये दुनिया में कहाँ करते हैं

कोई सुनता ही नहीं जब यहाँ रूदाद-ए-हयात
मसअले ज़ीस्त के क्यों आप बयाँ करते हैं

बस्तियाँ वो कभी सरसब्ज़ नहीं हो सकतीं
ज़ुल्म 'महताब' बहुत लोग जहाँ करते हैं

✻

ये दौलत छोड़ देते हैं नगीने छोड़ देते हैं
फ़क़ीरान-ए-मुहब्बत सब ख़ज़ीने छोड़ देते हैं

जो अपने बाज़ुओं में रखते हैं परवाज़ की ताक़त
सहारे छोड़ देते हैं वो ज़ीने छोड़ देते हैं

दिलों में जिन के रहता है हमेशा प्यार का जज़्बा
वो नफ़रत छोड़ देते हैं वो कीने छोड़ देते हैं

ग़रीबों और यतीमों के लहू की जिन में बू आये
हम अपनी ठोकरों पर वो दफ़ीने छोड़ देते हैं

यक़ीं का ज़िंदगानी में वहीं आग़ाज़ होता है
जहाँ वहम-ओ-गुमाँ आकर पसीने छोड़ देते हैं

समन्दर भी ख़ुदा का है हवाएँ भी ख़ुदा की हैं
उसी के आसरे पर हम सफ़ीने छोड़ देते हैं

✽

दश्त-ओ-सहरा से बयाबान से डरना कैसा
तू जो मोमिन है तो शैतान से डरना कैसा

जब ये मालूम है वो रिज़्क़ में बरकत देगा
घर में आये हुए मेहमान से डरना कैसा

ज़िंदगी! करना है जब तुझको हर इक लम्हा जिहाद
फिर किसी जंग के मैदान से डरना कैसा

लिख दिया उसने जो क़िस्मत में यहाँ होगा वही
आने वाले किसी तूफ़ान से डरना कैसा

हक़ की अज़मत के लिए ख़ुद को मिटाने वाले
अब तिरा अद्ल के मीज़ान से डरना कैसा

जब यक़ीं तुझको ये है तेरा मुहाफ़िज़ है ख़ुदा
फिर तिरा क़त्ल के इम्कान से डरना कैसा

✻

मुझसे गर उनको प्यार हो जाये
ज़िंदगी ख़ुशगवार हो जाये

जाम-ओ-मय की मुझे ज़रूरत क्या
गर नज़र उनसे चार हो जाये

है कशिश ऐसी उनकी आँखों में
जिस को देखें शिकार हो जाये

उनको जाते न देख पाऊँगा
राह में कुछ ग़ुबार हो जाये

ख़ुद पे तो एतिमाद है उनको
मुझ पे भी एतिबार हो जाये

आप इक बार मुस्कुराएँ अगर
ये फ़ज़ा ख़ुशगवार हो जाये

⁂

कैसे-कैसे सामने आँखों के मंज़र आये हैं
आसमाँ से जब अबाबीलों के लश्कर आये हैं

टिक नहीं पायी हमारे सामने बातिल की फ़ौज
कह के जब मैदाँ में हम अल्लाहु अकबर आये हैं

आज़माना है तो फिर से आज़मा कर देख लो
पहले भी हर इम्तिहाँ से हम गुज़र कर आये हैं

नाम उनके मिट गये बाक़ी नहीं कोई बचा
आज तक दुनिया में जितने भी सितमगर आये हैं

हम हुए या तुम हुए या वो हुए या ये हुए
ले के दुनिया में सभी अपना मुक़द्दर आये हैं

तिश्नगी होंटों की जब हद से तजावुज़ कर गयी
पास चलकर ख़ुद मिरे सातों समन्दर आये हैं

सब हमारे चाहनेवाले हैं घर के आस-पास
क्या कहें हम किस तरफ़ से घर में पत्थर आये हैं

✻

हम चले, दूर से मौजों का असर देखो तुम
पाँव में बाँध लिए हमने भँवर देखो तुम

अब मुझे उसके सिवा याद नहीं है कुछ भी
ख़ून-आलूदा मिरे दीदा-ए-तर देखो तुम

जिन पे रहता था परिंदों का बसेरा कल तक
आज सूने हैं वही बर्ग-ओ-शजर देखो तुम

मैं तो तन्हा ही चला जाऊँगा मंज़िल की तरफ़
मेरे पैरों से उठी गर्द-ए-सफ़र देखो तुम

हम तो शोलों से भी बेख़ौफ़ गुज़र जाते हैं
इश्क़े-बेताब का इक ये भी हुनर देखो तुम

तिश्नगी दीद की उम्मीद लिए फिरती है
प्यास मिट जाये मिरी सिम्त अगर देखो तुम

शोला-ए-इश्क़ से दिल ख़ाक हुआ जाता है
अपनी आँखों से ये जलता हुआ घर देखो तुम

*

तिरा दीदार करना चाहता हूँ
नज़र बेदार करना चाहता हूँ

चला आया हूँ मैं सहरा में लेकिन
समन्दर पार करना चाहता हूँ

मैं अपने जिस्म के ताज़ा लहू से
चमन गुलज़ार करना चाहता हूँ

तू माने या न माने तेरी मर्ज़ी
तुझे मैं प्यार करना चाहता हूँ

मय्यसर इश्क़ की दौलत मुझे हो
ये दिल बीमार करना चाहता हूँ

सँभल जा ऐ मिरे दुश्मन, सँभल जा!
मैं तुझ पर वार करना चाहता हूँ

✲

लबों पे अपने छुपाकर ये प्यास मत रखना
तुम अपने हाथ में ख़ाली गिलास मत रखना

यहाँ पे लोग तिजारत ग़मों की करते हैं
ख़ुशी की उनसे कभी कोई आस मत रखना

अगर ज़रा-सी भी रुस्वाइयों का डर हो तुम्हें
मिरे ख़ुतूत कभी अपने पास मत रखना

ज़रा-सी बात पे हम तुम को भूल जायेगे
दिल-ओ-दिमाग़ में ऐसा क़यास मत रखना

तअल्लुक़ात तो होते हैं टूटने के लिए
किसी के वास्ते ख़ुद को उदास मत रखना

✽

वो उधर बेताब हैं जलवा दिखाने के लिए
हम इधर मुश्ताक़ उनका दिल चुराने के लिए

देखकर उनको ज़बाँ ख़ामोश मेरी हो गयी
कुछ नहीं बाक़ी बचा उनको सुनाने के लिए

हर नये मौसम में फूलों के बहाने उनके घर
हम को मौक़ा चाहिए बस आने-जाने के लिए

ये वफ़ा की शर्त भी क्या ख़ूब उसने जान ली
रूठ जाने के लिए वो, हम मनाने के लिए

इस तरह से ज़िंदगी को चैन मिल जायेगा क्या
जागते हो रात भर उनको भुलाने के लिए

फिर उठी काली घटाएँ फिर वो चमकीं बिजलियाँ
फिर से हमने ख़ैर माँगी आशियाने के लिए

✼

मोमिन की तरह हैं न ये मुन्किर की तरह हैं
ये अहल-ए-सियासत किसी शातिर की तरह हैं

कोई भी नज़र भर के नहीं देखवाला
हम लोग तो सहरा के मनाज़िर की तरह हैं

कब जाने कहाँ कौन से तूफ़ान में घिर जायें
कश्ती में समन्दर के मुसाफ़िर की तरह हैं

लफ़्ज़ों से बना लेते हैं तस्वीर ग़ज़ल की
शायर ही नहीं हम तो मुसव्विर की तरह हैं

ज़ालिम की जो ताईद में ख़ामोश हैं 'महताब'
लगता है कि वो लोग मक़ाबिर की तरह हैं

✻

अजीब बात है फूलों से बचता रहता है
मगर ख़ुशी से वो काँटों पे चलता रहता है

जो दूसरों को भी रक्खे समेटकर ख़ुद में
वो अपने आप में अक्सर बिखरता रहता है

बयान उसको मैं लफ़्ज़ों में कर नहीं सकता
बिछड़ के उनसे जो लम्हा गुज़रता रहता है

जो सबको लगता है ज़ाहिर में एक पत्थर-सा
वो शख़्स बर्फ़ की सूरत पिघलता रहता है

न जाने कौन-सी मंज़िल नज़र में है उसके
वो बच्चा घर में जो अक्सर मचलता रहता है

हमारे आईना-ए-दिल में जाने क्यों 'महताब'
हर एक लम्हा वो बनता सँवरता रहता है

❊

तेरे ग़म में सिसक रही है ग़ज़ल
आज भी राह तक रही है ग़ज़ल

जिसको इक बार छू लिया तुमने
आज तक वो महक रही है ग़ज़ल

मैंने छोड़ा है जब से हाथ उसका
गलियों-गलियों भटक रही है ग़ज़ल

अपने होश-ओ-हवास खो बैठी
जाने क्या-क्या न बक रही है ग़ज़ल

आज फिर याद आ गये वो हमें
अश्क बनकर छलक रही है ग़ज़ल

*

हमेशा याद रखना अंजुमनआराई से पहले
हमारे साथ भी इक भीड़ थी तन्हाई से पहले

तिरे कूचे से आयी है तो हर इक चोट उभरी है
कोई भी ज़ख़्म कब महका था इस पुरवाई से पहले

तिरे ही एक लफ़्ज़े-कुन के ये सारे करिश्मे हैं
वुजूद-ए-ज़िंदगी कब था तिरी यकताई से पहले

जुनून-ए-शौक़ ने हर इक क़दम पर रहनुमाई की
बहुत थी तानाज़न दुनिया मिरी रुस्वाई से पहले

कहाँ है ऐ मिरे होश-ओ-ख़िरद कुछ तो बता मुझको
सुकून-ए-दिल जो हासिल था मुझे दानाई से पहले

तुम्हारी एक ज़िद ने कर दिये आँगन के दो टुकड़े
कभी तो मश्वरा करते तुम अपने भाई से पहले

अकेला जंग में लड़ता रहा 'महताब' दुनिया से
न था मैदान में कोई भी इस सौदाई से पहले

❋

कैसे-कैसे तिरी तस्वीर से मंज़र निकले
जाम होटों से कभी आँखों से साग़र निकले

जाने क्या-क्या तिरी अँगड़ाई से तेवर निकले
तीर निकले, कभी शोले, कभी ख़ंजर निकले

हमने सोचा था कि दो चार ही आँसू होंगे
तेरी आँखों में मगर कितने समन्दर निकले

उसने इस शर्त पे रोने की इजाज़त दी है
अश्क आँखों से तिरी एक न बाहर निकले

उड़नेवाले को ये एहसास कहाँ होता है
मौत चींटी की वहीं आयी जहाँ पर निकले

अजनबीयत की है ये कौन-सी मंज़िल 'महताब'
मेरे नज़दीक से वो आँख बचाकर निकले

❁

बतायें तुम्हें हम कि क्या है मुहब्बत
मुहब्बत का हर ज़ाविया है मुहब्बत

न वादे-इरादे, न रस्में, न क़समें
ज़माने से अपनी जुदा है मुहब्बत

जिसे इंतिहा पर कहे इश्क़-ए-दुनिया
उसी लफ़्ज़ की इब्तिदा है मुहब्बत

अज़ल से ही इक दुश्मनी चल रही है
ज़माना है संग, आईना है मुहब्बत

है जिस दायरे में ज़माने की गर्दिश
हक़ीक़त में वो दायरा है मुहब्बत

इसे हार समझूँ कि मैं जीत अपनी
ज़माना है ख़ुश और ख़फ़ा है मुहब्बत

ये जीने का हक़ छीन कर ज़िंदगी दे
अजब ढंग का फ़लसफ़ा है मुहब्बत

जिसे लोग कहते हैं 'महताब हैदर'
इसी नाम से आशना है मुहब्बत

✻

नहीं करते मिरा दिल शाद मंज़र
मिरी नज़रों में है बर्बाद मंज़र

दुआएँ माँगता हूँ बस यही मैं
ख़ुदा रखे तिरे आबाद मंज़र

उदासी दूर अब जाने लगती है
मुबारक हों तुझे अब शाद मंज़र

न रास आयी कोई तस्वीर मुझको
किये मैंने बहुत ईजाद मंज़र

चले मुझसे वो जब दामन छुड़ा कर
बहुत करते रहे फ़रियाद मंज़र

किसी के घर में है जश्न-ए-चराग़ाँ
किसी के घर में हैं बर्बाद मंज़र

मिरी आँखें लहू रोने लगी हैं
किये हैं जब कभी वो याद मंज़र

✻

फिर कोई दार की तक़दीर हुआ है शायद
इश्क़ क़िर्तास पे तहरीर हुआ है शायद

मैं चला जाऊँ उसे छोड़ के कैसे यारो!
वो मिरे पाँव की ज़ंजीर हुआ है शायद

बू-ए-गुल आज गुलिस्ताँ में है बदली-बदली
घर कोई ख़ून से तामीर हुआ है शायद

वादियाँ सब्ज़ हुईं छंट गये वीराने सब
दिल तिरे प्यार में कश्मीर हुआ है शायद

नींद आँखों में अब आती नहीं शब भर 'महताब'
मेरे ख़्वाबों की वो ताबीर हुआ है शायद

*

जो आला ज़र्फ़ हैं आला सिफ़ात रखते हैं
शऊर-ओ-फ़िक्र में वो काएनात रखते हैं

जो हक़परस्त हैं डरते नहीं हैं बातिल से
वो शौक़-ए-ज़ीस्त न ख़ौफ़-ए-ममात रखते हैं

जो अपनी प्यास बुझायेंगे जाम-ए-कौसर से
वो ठोकरों पे ये नहर-ए-फ़रात रखते हैं

उन्हीं को फ़त्ह मय्यसर कभी नहीं होती
जो अपने ज़ेह्न में पहले से मात रखते हैं

उन्हीं को मिलती है हर इक क़दम पर तारीकी
जो दिन के वक़्त तसव्वुर में रात रखते हैं

वो लोग आज भी हमको अज़ीज़ हैं 'महताब'
जो लोग सर पे मुहब्बत से हाथ रखते हैं

✻

जानता ही नहीं है जो हद को
नापने वो लगा मिरे क़द को

काट देता है बात औरों की
क्या समझता है वो भला रद को

अपने क़िस्से बहुत सुनाता है
याद करता नहीं कभी जद को

आईना गिरके टूट जायेगा
जो कभी देख ले तिरी ख़द को

हैं निगाहें हर एक की उस पर
जानता ही नहीं है वो ज़द को

जज़र देखा तो है बहुत लेकिन
उसने देखा नहीं कभी मद को

नेक तुमको सदा जो रहना है
पास आने न दो कभी बद को

❁

है तबस्सुम लब पे ग़म की तर्जुमानी के लिए
और आँखें दिल के दरिया की रवानी के लिए

लिख दिया है किसने आख़िर सुर्ख़ी-ए-अख़बार में
शह्र में अब ख़ून बह जाता है पानी के लिए

काटकर मेरी ज़बाँ कहने लगा मेरा हरीफ़
अब किया आज़ाद तुमको हक़बयानी के लिए

कोई समझे या न समझे गुफ़्तगू उनकी मगर
वो ग़ज़ल कहते हैं अल्फ़ाज़-ओ-मआनी के लिए

इक ज़रा-सी बात पर मशहूर दोनों हो गये
हम तकल्लुम के लिए वो बेज़बानी के लिए

क्या बतायें, क्या कहें अब कौन समझेगा यहाँ
कितने किरदारों में हैं हम इक कहानी के लिए

ज़िंदगी आवारगी में कट नहीं सकती मियाँ
कोई दिल को चाहिए अब हुक्मरानी के लिए

उन किताबों में बसी है तेरी यादों की महक
और सूखे फूल रक्खे हैं निशानी के लिए

इक नफ़स भी जी न पाये उनकी ताबीरों में हम
ख़्वाब जो देखे थे हमने ज़िंदगानी के लिए

इश्क़ ने देखे हैं ऐ 'महताब' ऐसे भी मक़ाम
हो गयी बेताब ख़ुद ही आग पानी के लिए

✼

उसके लुत्फ़-ए-ख़ास से दिल पाक हो जाते हैं सब
ज़र्रा-ए-नाचीज़ भी अफ़लाक हो जाते हैं सब

आग-पानी और हवा मिट्टी मिलें जब एक साथ
जिस्म बन कर रूह की पोशाक हो जाते हैं सब

जो भी दुनिया के लिए जीते हैं मरते हैं यहाँ
वो ज़मीं की एक दिन ख़ूराक हो जाते हैं सब

दर्द-ए-फ़ुर्क़त जब कभी हद से गुज़र जाये तो फिर
ज़ख़्म जितने भर चुके वो चाक हो जाते हैं सब

दिल किसी का भी नहीं लगता है अब उसके बग़ैर
सुनके उसका तज़्किरा नमनाक हो जाते हैं सब

डाल देते हैं वो जिन पर भी करम की इक नज़र
एक पल में साहिब-ए-इदराक हो जाते हैं सब

देख कर उनको यक़ीनन ज़हन-ओ-दिल के सब ख़याल
क्या बतायें किस तरह से पाक हो जाते हैं सब

बर्ग-ए-सब्ज़ा, गुंचा-ओ-गुल हों कि हो शाख़-ए-शजर
इक न इक दिन तो ख़श-ओ-ख़ाशाक हो जाते हैं सब

शम्आ हो, परवाना हो या महफ़िल-ए-उश्शाक़ हो
आतिश-ए-इश्क़-ए-जुनूँ में ख़ाक हो जाते हैं सब

मेहरबाँ रब है तो आब-ओ-रिज़्क़ में या ख़ूँ में हों
ज़हर के नुक़सान ख़ुद तिर्याक हो जाते हैं सब

✻

चमन का गोशा-गोशा किस क़दर सरशार लगता है
चमन में किसकी आमद है चमन गुलज़ार लगता है

जुनूँ में क्या गुज़रती है न पूछो ऐ ख़िरदवालो!
कहीं का ख़ार गुल, तो गुल कहीं का ख़ार लगता है

समझ में कुछ नहीं आता कि आख़िर क्या किया जाये
जिसे कहते हैं दीवाना बहुत हुशियार लगता है

जुनून-ए-इश्क़ की मेराज शायद इसको कहते हैं
नज़र जिस सिम्त जाती है जमाल-ए-यार लगता है

ये मस्तानों की बस्ती है यहाँ पर मय बरसती है
यहाँ पर जो भी आता है वही मैख़्वार लगता है

हक़ीक़त शायद उसने जान ली है हक़परस्ती की
ख़ुशी से गामज़न दीवाना सू-ए-दार लगता है

जिन्हें है इश्क़ उनसे वो बतायेंगे उन्हें कैसे
हर इक लम्हा जुदाई का दिलों पर बार लगता है

शहंशाहों से कह दो देख लें हुजरे फ़क़ीरों के
यहाँ महलों से बढ़कर साया-ए-दीवार लगता है

तिरी शीरी ज़बाँ ऐसी की मैं क़ुर्बान हो जाऊँ
तिरा इंकार भी अक्सर मुझे इक़रार लगता है

भटकता फिर रहा था दर-ब-दर की ठोकरें खाता
तिरी चौखट पे आया हूँ तो बेड़ा पार लगता है

मिरे अशआर सुनकर ये सभी अहल-ए-सुख़न बोले
कि अब 'महताब हैदर' भी उन्हें फ़नकार लगता है

✻

जब ख़याल-ए-यार दिल में आ गया
बस उसी लम्हे मिरा सज्दा गया

देखकर मुझको बहुत घबरा गया
बाद में वो जाने क्यों शर्मा गया

जब सुना वो तो बहुत नाराज़ है
आसमाँ से मैं ज़मीं पर आ गया

आप ये रोने से पहले सोच लें
रोए तो फिर आपका सुरमा गया

उसके जाते ही ख़मोशी छा गयी
चन्द लम्हों में वो क्या समझा गया

फिर तो रुस्वाई ही रुस्वाई नसीब
आप के रुख से अगर पर्दा गया

क्या बताऊँ जब ख़बर अपनी नहीं
कौन तेरी बज़्म में आया गया

दिल को ये कह-कह के बहलाया बहुत
आ गया वो आ गया बस आ गया

रात और दिन का तसव्वुर ज़ेह्न में
उसके रुख पर इक नक़ाब आया गया

✻

आप बीती कभी बताये तो
हाल-ए-दिल अपना वो सुनाये तो

मुझको शिकवा नहीं ख़मोशी का
बात पर मेरी मुस्कुराये तो

वक़्त-ए-रुख़्सत सही वो मिलने को
चल के मेरे क़रीब आये तो

शायरी है उसे अज़ीज़ अगर
वो ग़ज़ल मेरी गुनगुनाये तो

क्यों वो करता है मुझ पे ज़ुल्म-ओ-सितम
क्या ख़ता है मिरी बताये तो

उसने वादा किया था मिलने का
अपने वादे को वो निभाये तो

उससे उम्मीद है बहुत 'महताब'
दिल की बस्ती मिरी बसाये तो

✽

अना का अपनी बताओ ख़याल कैसे करें
समझ में कुछ नहीं आता सवाल कैसे करें

कुछ ऐसे लोग हैं जो सोचते ही रहते हैं
हराम अपने लिए वो हलाल कैसे करें

ख़याल बस यही उनको बहुत सताता है
वो मेरी फ़िक्र को अब यर्ग़माल कैसे करें

जो हमने पाया है उसकी ख़ुशी बहुत है मगर
जो खो गया है अब उसका मलाल कैसे करें

सफ़र तवील है मंज़िल भी है निगाहों में
बताओ ख़ुद को भला हम निढाल कैसे करें

वो कैसे लोग हैं जो सोचते हैं ये 'महताब'
उरूज पर है जो उसका ज़वाल कैसे करें

✻

सवाल मैंने किये थे जवाब उनको मिले
मुझे जो मिलने थे सारे ख़िताब उनको मिले

समझ में कुछ नहीं आया अजीब महफ़िल थी
मुझे दिये गये काँटे, गुलाब उनको मिले

मैं किस तरह से बताऊँ ये दास्ताँ अपनी
कभी जो देखे थे मैंने वो ख़्वाब उनको मिले

सब आये मिलने को ख़ाना ख़राब मेरे पास
थे जितने बज़्म में आली जनाब उनको मिले

हमारी नेकियाँ सब अपने नाम पर लिख कर
बता रहे थे वो सारे सवाब उनको मिले

वहाँ पे जितने थे ख़ाली गिलास मेरी तरफ़
भरे थे जितने भी जाम-ए-शराब उनको मिले

वो तीरगी में बसर कर रहे हैं मुद्दत से
दुआ करो कि कभी 'माहताब' उनको मिले

❁

चाहे जैसे भी हों हालात नहीं लिख सकता
दिन को दिन लि लिक्खूँगा मैं रात नहीं लिख सकता

दिल में जो दफ़्न हैं जज़्बात नहीं लिख सकता
बात जो सच है वही बात नहीं लिख सकता

अब जिधर देखूँ यज़ीदों के उधर लश्कर हैं
तो क्या सादात को सादात नहीं लिख सकता

क्या बताऊँ तुम्हें इस दौर-ए-तरक़्क़ी का सबब
मुझ पे गुज़रे हैं जो लम्हात नहीं लिख सकता

बात ये राज़ की है राज़ उसे रहने दो
कब हुई उनसे मुलाक़ात नहीं लिख सकता

अब तो ख़ल्वत में भी जल्वत का मज़ा आता है
इश्क़ में जो मिली सौग़ात नहीं लिख सकता

नज़्में

प्यार के पंछी

आप कोई जब गीत सुनाने लगते हैं
याद वही फिर मंज़र आने लगते हैं

भोली-भाली सूरत और बिखरे गेसू
फैले जैसे जूही चंपा की ख़ुशबू
चाल तिरी जंगल में जैसे हो आहू
बातों में तेरी जैसे कोई जादू
हम माज़ी में फिर से जाने लगते हैं
भँवरे जब भी गीत सुनाने लगते हैं

उनकी बातों से मिलता है चैन मुझे
दुख में भी कब छूने पाया बैन मुझे
याद आते हैं हर दम उनके नैन मुझे
खोया-खोया रखते हैं दिन-रैन मुझे
ख़्वाब भी अक्सर शोर मचाने लगते हैं
भँवरे जब भी गीत सुनाने लगते हैं

आँखों में फिर दीपक जलते हों जैसे
गिर-गिरकर हम ख़ुद में सँभलते हों जैसे
दिल में फिर अरमान मचलते हों जैसे
सहन-ए-गुलिस्ताँ में वो चलते हों जैसे
दिल ही दिल में हम शर्माने लगते हैं
भँवरे जब भी गीत सुनाने लगते हैं

जैसे बहती आबशार की धारा हो
जैसे झील का कोई हसीं किनारा हो
जैसे टूटा आसमान से तारा हो
जैसे मुझको दिल ने तिरे पुकारा हो
प्यार के पंछी पर फैलाने लगते हैं
भँवरे जब भी गीत सुनाने लगते हैं

वो तिरा नाम है

प्यार से अपने दिल पर है जिसको लिखा
वो तिरा नाम है वो तिरा नाम है
ख़ल्वतों ने जो मुझसे है अक्सर सुना
वो तिरा नाम है वो तिरा नाम है

पाक ऐसे कि जैसे हो गंगा का जल
सुब्ह को झील में जैसे खिलता कँवल
चाँदनी रात में वो सुनहरा-सा पल
जैसे शायर की हो कोई ताज़ा ग़ज़ल
क़ुमरी-ओ-अंदलीब-ओ-हुमा ने पढ़ा
वो तिरा नाम है वो तिरा नाम है

जैसे बारिश में आकाश पर हो धनक
जैसे चंदा की, तारों की प्यारी चमक
जैसे कलियाँ चटकने से फैले महक
बाग़ में जैसे चिड़ियों की गूँजे चहक
झूमकर जिसको कोयल ने कू-कू कहा
वो तिरा नाम है वो तिरा नाम है

रात को चाँदनी से नहाती हुई
चूड़ियों की चमक को दिखाती हुई
और ख़यालों में ख़ुद को सजाती हुई
जैसे अल्हड़ कोई गुनगुनाती हुई
गाँव के गीत में, मैंने जिसको सुना
वो तिरा नाम है वो तिरा नाम है

महजबीं, महलक़ा, वो परी माहरू
मुस्कुराती हुई शर्म से सुर्ख़रू
जिसने रक्खी सदा हुस्न की आबरू
काश होती किसी दिन मिरे रूबरू
जिसकी भाये ज़माने को हर इक अदा
वो तिरा नाम है वो तिरा नाम है

सुब्ह में धूप की जैसे पहली किरन
वो मचलना तिरा वो तिरा बाँकपन
जैसे जंगल में हो कोई चंचल हिरन
जिसकी ख़ुशबू से महके है सारा चमन
जिसको दी मैंने तन्हाइयों में सदा
वो तिरा नाम है वो तिरा नाम है

ख़ुशबुओं से नहाकर निकलना तिरा
गेसुओं को सँभाले वो चलना तिरा
लड़खड़ाना तिरा फिर सँभलना तिरा
शर्म से रंग-ए-रुख़ को बदलना तिरा
जिसका हर सिम्त है आज कल तज़्किरा
वो तिरा नाम है वो तिरा नाम है

ये कैसा प्यार है

प्यार में तेरे सोना-चाँदी, धन-दौलत बेकार
ये कैसा है प्यार मिरे दिल ये कैसा है प्यार

नींद न आये आँखों को मैं रात-रात भर जागूँ
हल्की-सी दस्तक सुनकर मैं दरवाज़े पर भागूँ

याद मुझे आते हैं हर दम तेरे दर-ओ-दीवार
ये कैसा है प्यार मिरे दिल ये कैसा है प्यार

तेरे बिन ये शह्र है सूना और सूनी है महफ़िल
आख़िर कहाँ मैं ढूँढूँ तुझको कहाँ है तेरी मंज़िल

रातों को तन्हाई डसती और दिन में संसार
ये कैसा है प्यार मिरे दिल ये कैसा है प्यार

प्यारी-प्यारी बातें तेरी भायें मन को मेरे
बिरहा की अग्नि झुलसाये हर दम तन को मेरे

बिन तेरे अब दिल को मेरे मिलता नहीं क़रार
ये कैसा है प्यार मिरे दिल ये कैसा है प्यार

घोले रस कानों में कोयल पीहू-पपीहा बोले
बरखा में तन भीगे मेरा पुरवा में मन डोले

मेरी आँखें चाहें हर दम तेरा ही दीदार
ये कैसा है प्यार मिरे दिल ये कैसा है प्यार

मन विचलित मत होना

चाहे जितना कोई दिखाये तुझको खेल-खिलौना
मन विचलित मत होना मेरे, मन विचलित मत होना

बुनता है दिन-रात तू सपने क्या लाया था साथ तू अपने
तेरा नहीं जब कुछ भी यहाँ पर, क्या पाना क्या खोना
मन विचलित मत होना मेरे, मन विचलित मत होना

गाँव से चलकर शह्र में आया, देख छटा ललचाया
गाँव की रूखी-सूखी खाकर, तान के चादर सोना
मन विचलित मत होना मेरे, मन विचलित मत होना

शह्र की चौड़ी-चौड़ी सड़कें जिन पर भागता जीवन
गाँव में सब सुख-दुख के साथी शह्र में इसका रोना
मन विचलित मत होना मेरे, मन विचलित मत होना

चारों दिशायें ईंट का जंगल, हर पंछी बिन छाया
गाँव में तो है प्यार की क़ीमत शह्र में चाँदी-सोना
मन विचलित मत होना मेरे, मन विचलित मत होना

भोर को पंछी चुगने जायें, शाम ढले लौट आयें
गगरी भर पनिहारन लायें, भीगे रूप सलोना
मन विचलित मत होना मेरे, मन विचलित मत होना

जाने क्यों याद किया जाता है

कहकशाँ, रंग-ए-शफ़क़, चाँद से, तारों से तुझे
दर्द-ओ-ग़म रंज-ओ-अलम आह से नालों से मुझे
जाने क्यों याद किया जाता है, जाने क्यों याद किया जाता है

चाल जैसे नदी का इठलाना, बात जैसे गुलों का खिल जाना
बोलती हो कहीं कोयल जैसे, पाँव में बजती हुई पायल जैसे
जैसे आकाश पे खिलता हो धनक, जैसे बरसात में बिजली की चमक
रात की रानी से, बेले से, गुलाबों से तुझे
गर्दआलूदा कहानी की किताबों से मुझे
जाने क्यों याद किया जाता है, जाने क्यों याद किया जाता है

जैसे रातों को पपीहा बोले, जैसे कानों में कोई रस घोले
मख़मली लब वो महकते गेसू, जूही चंपा की हो जैसे ख़ुशबू
गीत गाती हो जैसे बाद-ए-सबा, रक्स करती हो जैसे बू-ए-हिना
सुरमई शाम से, रेशम से, उजालों से तुझे
शब के सन्नाटों से ख़्वाबीदा ख़यालों से मुझे
जाने क्यों याद किया जाता है, जाने क्यों याद किया जाता है

जैसे गुल पर कोई तितली आये, जैसे नग़मा कोई बुलबुल गाये
जैसे ज़ुल्मत में हो शामें रौशन, जैसे चटके कली महके गुलशन
जैसे आये किसी दुल्हन को हिजाब, जैसे आये किसी जोगन पे शबाब
शहद से, ख़ुशबू से, ख़ुशरंग नज़ारों से तुझे
हिज्र की रात से और ज़ह्र के प्यालों से मुझे
जाने क्यों याद किया जाता है, जाने क्यों याद किया जाता है

जैसे सूरज की रूपहली-सी किरन, जैसे हो चाँदनी में कोई मगन
जैसे आती हो गुलों से ख़ुशबू, जैसे चलते हों मचलकर आहू
जैसे ख़ुश हो कोई चश्म-ए-पुर-नम, जैसे फूलों पे चमकती शबनम
महफ़िल-ए-हुस्न से चिलमन से हिजाबों से तुझे
रेत से, धूल से, मिट्टी से, सराबों से मुझे
जाने क्यों याद किया जाता है, जाने क्यों याद किया जाता है

शरारत

ढूँढता फिरता हूँ हर शह्र में हर क़रिये में
उसकी मंज़िल का कोई जब न पता मिलता है

ख़ूब हैरान परेशान सरासीमा-सा
लौटकर अपने ही घर फिर से चला आता हूँ

मेरे कमरे के जो इक ताक़ में जलता है चराग़
रात भर बातें मैं उससे ही किया करता हूँ

और आहट पे हर इक कान धरे रहता हूँ
जब भी दरवाज़े पे हल्की-सी भी दस्तक हो कोई

धड़कनें दिल की मिरे और भी बढ़ जाती हैं
और जब झाँक के दरवाज़े के बाहर देखूँ
और जब कोई भी मुझको न नज़र आये वहाँ
सोचता फिर यही कमरे में जला जाता हूँ
क्यों शरारत ये मिरे साथ हुआ करती है

जागीर

जिनका पेशा है सितम ख़ून बहायेंगे वही
हर भलाई को बुराई से मिटायेंगे वही
मौत की नींद ही लोगों को सुलायेंगे वही
राह-ए-हक़ पर हैं फ़क़त ये ही बतायेंगे वही

उनके चेहरों से नक़ाबों को हटाना है हमें
असलियत उनकी ज़माने को दिखाना है हमें

ये नहीं जानते दुनिया में मुहब्बत क्या है
ये नहीं जानते दरअस्ल इबादत क्या है
ये नहीं जानते दुनिया की हक़ीक़त क्या है
ये नहीं जानते मर्दों कि शुजाअत क्या है

छीनकर ख़ुशियों को ख़ुश होना है आदत उनकी
देखकर लाशों को ख़ुश होना है फ़ितरत उनकी

क्या मिलेगा उन्हें लाशों की तिजारत करके
क्या मिलेगा उन्हें इंसानों से नफ़रत करके
क्या मिलेगा उन्हें लोगों से अदावत करके
क्या मिलेगा उन्हें मज़हब से बग़ावत करके

क्या इरादे हैं ज़रा उनका तो इज़हार करें
हैं अगर हक़ पे तो फिर सामने से वार करें

जानें लोगों की लें ख़ुद को कहें इंसान हैं वो
हाँ मगर शक्ल में इंसान की हैवान हैं वो
न तो ईसाई न हिंदू न मुसलमान हैं वो
नाम इंसानों के और काम से शैतान हैं वो

ये जहाँ उसका है उसको न मिटा पायेंगे
गर न माने तो जहन्नुम में चले जायेंगें

राखियाँ बाँधने को काश कलाई देते
काश जो बहनों से बिछड़े हैं वो भाई देते
काश माओं को न बेटों से जुदाई देते
काश ये ईद की, होली की बधाई देते

कर के क्यों बम के धमाके यहाँ दहला डाला
बेसबब दंगों से फूलों को भी मुरझा डाला

है हमारा ये वतन इसके वफ़ादार हैं हम
दुश्मनों की भी हर इक चाल से हुशियार हैं हम
वो न समझें हमें सोया हुआ, बेदार हैं हम
बात गर आन पे आ जाये तो तलवार हैं हम

मुल्क से अपने बुराई को मिटाना है हमें
अपने पुरखों की ये जागीर बचाना है हमें

सवाल

कल एक शख़्स ने मुझसे भी ये सवाल किया
हमारे शह्र का ऐसा ये किसने हाल किया
यहाँ तो दर्द से ग़म से निजात मिलती थी
यहाँ तो चारों तरफ़ इक हयात मिलती थी
यहाँ तो प्यार के उलफ़त के नाम आते थे
यहाँ के लोग तो औरों के काम आते थे
यहाँ की गुफ़्तगू दिल को सुकून देती थी
यहाँ की शायरी इल्म-ओ-फ़नून देती थी
यहाँ तो ईद पे होली पे लोग मिलते थे
यहाँ तो प्यार मुहब्बत के फूल खिलते थे
कहाँ वो गुम हुईं शह्र-ए-हसीन की बातें
न जाने क्या हुईं वो महजबीन की बातें
कहाँ गये वो बनारस की सुब्ह के मंज़र
अवध की शाम लगाती है दिल में इक ख़ंजर
बताऊँ क्या कि बताने को है नहीं कुछ भी
कि हाल दिल का सुनाने को है नहीं कुछ भी
किसी के सामने लब खोल भी नहीं सकते
ज़बान होते हुए बोल भी नहीं सकते
ये कैसे लोग सियासत में आ गये 'महताब'
हमारे शह्र के मौसम को कर रहे हैं ख़राब

कशिश

हूक इक दिल में सर-ए-शाम उठा करती है
जाने क्यों मुझको ये बे-बेचैन किया करती है
सोचता हूँ कि वही सामने सूरत होती
मैं उसे देखता और उससे ही बातें करता
पूछता उससे भला इश्क़ की मंज़िल क्या है
इश्क़ अगर आग का दरिया है तो साहिल क्या है
बोलता जब भी है सर चढ़ के ही क्यों बोलता है
क्यों हर इक शय में ये महबूब को ही देखता है
क्यों यहाँ लोगों को दीवाना बना देता है
और क्यों दर्द की शिद्दत को बढ़ा देता है
दर्द तो वैसे परेशानी का बाइस है मगर
इश्क़ में दर्द जो होता है मज़ा देता है
सोचता हूँ कि कभी उससे मैं बातें करता
गुज़रे लम्हों की कभी यादों को ताज़ा करता
एक इक लम्हा भी सदियों के बराबर होता
काश इस लम्हे में ऐसा कभी वैसा होता
इक कशिश वो है कि है नाम मुहब्बत जिसका
इक कशिश वो कि मुहब्बत ही है शेवा जिसका
क्यों ज़माने को समझने में परेशानी है
ये कशिश इश्क़ है, ईसार है, क़ुर्बानी है

ऐ मिरे प्यारे वतन

ऐ मिरे प्यारे वतन प्यारे वतन प्यारे वतन
तुझ पे क़ुर्बान मिरी जान मिरे प्यारे वतन
ऐ मिरे प्यारे वतन प्यारे वतन प्यारे वतन
प्यार के गीत यहाँ प्यार का संगीत यहाँ
प्यार के मीत यहाँ प्यार की है रीत यहाँ
दिन है दूल्हा जो यहाँ, रात यहाँ की है दुल्हन
ऐ मिरे प्यारे वतन प्यारे वतन प्यारे वतन
ये पहाड़ों पे मचलते हुए झरने हैं यहाँ
झील, नदियाँ हैं यहाँ फूल भी खिलते हैं यहाँ
चाँद सूरज की हिमालाय पे पड़े पहली किरन
ऐ मिरे प्यारे वतन प्यारे वतन प्यारे वतन
चहचहाती हुई सब प्यार की चिड़ियाँ हैं यहाँ
गाँव की ख़ुशबू यहाँ, शह्र की ख़ुशियाँ हैं यहाँ
इसकी धरती पे बहा करती हैं ये गंग-ओ-जमन
ऐ मिरे प्यारे वतन प्यारे वतन प्यारे वतन
कूक कोयल की है बुलबुल के तराने हैं यहाँ
मोर का रक़्स पपीहे के फ़साने हैं यहाँ
जूही चंपा की महक, मोगरा बेला की फबन
ऐ मिरे प्यारे वतन प्यारे वतन प्यारे वतन
जायसी, नानक-ओ-ख़ुसरो भी हैं चिश्ती भी यहाँ
है कबीरा भी यहाँ सूर भी तुलसी भी यहाँ
प्यारे लगते हैं सभी को यहाँ मीरा के भजन
ऐ मिरे प्यारे वतन प्यारे वतन प्यारे वतन

तीन शेर

ये सच नहीं है कि दुश्मन के घर से आये हैं
हमें ये ज़ख़्म तो तेरी नज़र से आये हैं
हमारे घर में तो फलदार कोई पेड़ नहीं
हमारे घर में ये पत्थर किधर से आये हैं
तमाम रास्ते दुश्वार हो गये शायद
पलट के लोग अधूरे सफ़र से आये हैं

तीन शेर

जो कभी थे मिरी निगाहों में
हैं कहाँ यार ऐसे अब मंज़र
तितलियाँ, फूल, चाँदनी, झीलें
दिल दुखाते हैं अब तो सब मंज़र
बादलों ने बनाये हैं 'महताब'
आसमाँ पर अजब-अजब मंज़र

तीन शेर

किताब-ए-ज़ीस्त को अपनी अगर नहीं पलटा
तो ज़िंदगी के हवाले कहाँ से लाओगे
दिये जो तुमने जलाये नहीं ज़माने में
तो ज़ुल्मतों में उजाले कहाँ से लाओगे
सजा लिया है तबस्सुम तो अपने चेहरे पर
तुम अपने पाँव में छाले से लाओगे

दो शेर

ज़िन्दगी के थे जो सनद मंज़र
वक़्त ने कर दिये वो रद मंज़र
मैं कहाँ जा के जी को बहलाऊँ
कोई करते नहीं मदद मंज़र

क़तअ

ये ज़मीं और ये फ़लक चाँद सितारे सूरज
रब की क़ुदरत ने हर इक शय को जिला ही दी है
संग में किर्म को आतिश में समन्दर को हयात
उसके होने की हर इक शय ने गवाही दी है

***

वो किसको बख़्श दे ख़ुशियाँ, वो किसको ग़म अता कर दे
किसी सूरत किसी को इसका अंदाज़ा नहीं होता
परिंदों का यक़ीं मोहकम उन्हें महफ़ूज़ रखता है
किसी के घोंसले में कोई दरवाज़ा नहीं होता

***

हम दिल के नगीने से उन्हें देख रहे हैं
आशिक़ हैं क़रीने से उन्हें देख रहे हैं
ये अपना अक़ीदा है जिन्हें इश्क़-ए-नबी है
सरकार मदीने से उन्हें देख रहे हैं

जिसको नबी का इश्क़ मिला है नसीब से
पल में वो बादशाह हुआ है ग़रीब से
जी चाहता है उसकी मैं आँखों को चूम लूँ
देखा है जिसने आपका रौज़ा क़रीब से

***

फ़िक्र की अंजुमन में लगती है
फ़हम के पैरहन में लगती है
जह्ल जब इल्म पर करे तनक़ीद
आग तब तन-बदन में लगती है

***

सराब, आबलापाई, तपिश, जलन, आँसू
शब-ए-फ़िराक़ भी सहरा से जा के लौट आयी
हर एक तिश्नालबी उस पे हो गयी क़ुर्बान
वो एक प्यास जो दरिया से जा के लौट आयी

***

मिरे लिबास पे ताज़ा लहू की छींटे हैं
करूँगा पाक मैं अपना लिबास पानी दे
फिर उसके बाद बताऊँगा राज़ हस्ती का
पलट तो आने दे होश-ओ-हवास पानी दे

नदी ही चल के समन्दर के पास आती है
नदी से मिलने समन्दर कभी नहीं जाते
ये बादशाह तो जाते हैं उनके हुजरे में
मगर महल में क़लंदर कभी नहीं जाते

⁂

दश्त-ओ-सहरा से बयाबान से डरना कैसा
तू जो मोमिन है तो शैतान से डरना कैसा
है यक़ीं तुझको, अगर तेरा मुहाफ़िज़ है ख़ुदा
आनेवाले किसी तूफ़ान से डरना कैसा

⁂

ज़मीं, सितारे, फ़लक, कहकशाँ कि हो महताब
वही है उनके सियाक़-ओ-सबाक़ से वाक़िफ़
वो कर दे कब किसी ज़र्रे को आफ़ताब यहाँ
बताओ कौन है उसके मज़ाक़ से वाक़िफ़

⁂

न ख़ुद से और न किसी हम ख़याल से वाक़िफ़
जवाब से न किसी भी सवाल से वाक़िफ़
वो दूर रह के भी कितना क़रीब है फिर भी
ये दिल न हो सका हिज्र-ओ-विसाल से वाक़िफ़

⁂

फिर से खोये हुए विश्वास पे लिक्खा जाये
मसअला ज़ीस्त का क़िर्तास पे लिक्खा जाये
ऐश-ओ-इशरत पे बहुत-कुछ तो लिखा है हमने
आओ कुछ भूक पे, कुछ प्यास पे लिक्खा जाये

अपनी आँखों को न मलिए साहिब
ख़्वाब-ए-ग़ाफ़लत से निकलिए साहिब
इससे पहले की फ़रिश्ते कह दें
ज़िंदगी ख़त्म है चलिए साहिब

***

वफ़ा ख़ुलूस का पैकर तलाश करती है
शऊर-ओ-फ़िक्र के ज़ेवर तलाश करती है
तलाश करती है मुद्दत से जिसको ये दुनिया
मिरी निगाह वो महवर तलाश करती है

***

रंज दे जायें जो यादें, नहीं आने देती
जब भी देती है मुझे ख़्वाब सुहाने देती
साथ रखती है मिरे सर पे दुआ का आँचल
माँ अकेला मुझे घर से नहीं जाने देती

***

मोअत्तर ज़हन-ओ-दिल सब हो रहे हैं
अजब इक ताज़गी-सी छा रही है
लिए दामन में अपने ख़ुशबुओं को
सबा गुलशन से होकर आ रही है

***

शऊर-ओ-फ़िक्र के ज़ेवर तलाश करती है
मुहब्बतों का वो पैकर तलाश करती है
तुम्हारी याद मिरी बेक़रार आँखों में
तुम्हारी दीद का मंज़र तलाश करती है

ज़मीं से ता-फ़लक इक रौशनी मालूम होती है
यहीं पर ज़िन्दगी भी ज़िन्दगी मालूम होती है
जहाँ फिक्र-ओ-नज़र क़ल्ब-ओ-जिगर तस्कीन पाते हैं
यहाँ पर हर घड़ी एक ताज़गी मालूम होती है

***

बहुत ही प्यार से वो बात मेरी मान लेती है
मैं चेहरे लाख बदलूँ फिर भी वो पहचान लेती है
मैं हँसता खेलता-रहता हूँ उसके सामने फिर भी
मेरी माँ जाने कैसे दर्द मेरा जान लेती है

***

अपनी हर हाल में वो शान बचा लेते हैं
मर्द-ए-मोमिन की वो पहचान बचा लेते हैं
सिलसिला अपना उन्हीं से है जो सर के बदले
कुफ़्र के हाथों से ईमान बचा लेते हैं

***

सर रहे या न रहे तन पे, कोई बात नहीं
अपनी हर हाल में दस्तार बचाये रखना
बेहयाई की ज़माने में बहार आयी है
ऐसे माहौल में किरदार बचाये रखना

ये कौन कहता है मैं अश्कबार जाता हूँ
क़रार लेने सदा बेक़रार जाता हूँ
उन्हें ख़बर ही नहीं उनकी इक ख़ुशी के लिए
मैं जान-बूझ के बाज़ी को हार जाता हूँ

***

सबको मालूम है दुनिया की हक़ीक़त 'महताब'
लोग दुनिया से मगर दूर नहीं होते हैं
पत्तियाँ सब्ज़ हर एक शाख़ की होती हैं मगर
हाँ हर इक बेल में अँगूर नहीं होते हैं

***

ख़िलाफ़ लाख हों दुनिया की ताक़तें लेकिन
सदाक़तों का दिलों में जुनून बाक़ी है
कटा तो सकते हैं सर को झुका नहीं सकते
रगों में अब भी शहीदों का ख़ून बाक़ी है

***

पस्तीपसंद जिस्म, बुलंदीपसंद रूह
कैसे कहूँ कि अपनी ख़ला में कमंद है
पैरों तले ज़मीन है और सर पे आसमान
हम सबकी ज़िंदगी इसी पिंजरे में बन्द है

जो रिश्ता है हमारा जिस्म-ओ-जाँ से
वो निस्बत है हमें हिंदुस्ताँ से
न हिंदू-सिख, न ईसाई, न मुस्लिम
मुहब्बत है हमें सारे जहाँ से

***

जो गर्द दिल पे जमी थी वो साफ़ करने लगे
ख़ता पे अपनी हया का ग़िलाफ़ करने लगे
न जाने कैसी कशिश थी कि देखकर उनको
तमाम लोग उन्हीं का तवाफ़ करने लगे

***

उन्हें सज़ा नहीं मिलती है कोई दुनिया में
जो दुश्मनों को भी तलवार बेच देते हैं
हमारे बीच में ऐसे भी हैं ज़मीरफ़रोश
जो सर बचाने में दस्तार बेच देते हैं

***

अपने अफ़्कार को इक रंग दिया है मैंने
और तिरे नाम को हर वक़्त जिया है मैंने
एक बस तू है जो रहता है रग-ए-जाँ के क़रीब
तुझ को देखा नहीं महसूस किया हैं मैंने

वरक़-वरक़ उसे पढ़ते रहे मिसालों में
वो हर्फ़-हर्फ़ मिला है हमें हवालों में
क़री तर था रग-ए-जाँ से वो मगर उसको
तलाश करते रहे मस्जिदों, शिवालों में

***

जिसको मालूम है लफ़्ज़ों को बरतने का हुनर
वो बतायेगा ग़ज़ल क्या है, रुबाई क्या है
दिल मुहब्बत में ज़रा तुम भी लगाकर देखो
जान जाओगे कि किस लफ़्ज़ का दाई क्या है

***

आओ अब इश्क़ में हम ख़ुद को गिरफ़्तार करें
हर घड़ी हुस्न-ए-रुख-ए-यार का दीदार करें
है अभी महवे-तिलावत यहाँ चश्म-ए-पुरनम
दौलतें कितनी भी मिल जायें तो इंकार करें

***

हमारे बीच जब आती है हमको बाँट जाती है
सियासत डालती है खाई रस्ता काट जाती है
तअस्सुब और नफ़रत से हमेशा दूर ही रहना
ये वो दीमक है जो हर ज़हन-ओ-दिल को चाट जाती है

क़ौम-ओ-मिल्लत के निगहबान नज़र आते हैं
शक्ल से साहिब-ए-ईमान नज़र आते हैं
हर तरफ़ ख़ूब हैं मज़हब के ये ताजिर देखो
दीन को बेच के धनवान नज़र आते हैं

***

मुफ़्लिसी को कभी रुस्वा नहीं होने देते
चाक दामन को भी मेहनत से रफ़ू करते हैं
हो न पानी तो तयम्मुम नहीं करते हैं कभी
हम हैं मज़दूर पसीने से वुज़ू करते हैं

***

वो क़िस्से भूल जाते हैं कहानी भूल जाते हैं
ग़ज़ल कहते हैं अल्फ़ाज़-ओ-मआनी भूल जाते हैं
जहाँ से इब्तिदा की थी वहीं से रोज़ पढ़ते हैं
किताब-ए-इश्क़ में रखना निशानी भूल जाते हैं

***

हमने मज़दूरों के अंदाज़ निराले देखे
उनके होंठों पे हँसी पाँव में छाले देखे
याद आने लगा उस वक़्त हमें रिज़्क़-ए-हलाल
उनके हाथों में जो मेहनत के निवाले देखे

अपने कश्कोल में दरिया भी समो सकते हैं
और अगर चाहें तो धरती को डुबो सकते हैं
जो ख़ुदा वाले हैं रखते हैं ख़ुदा से नाता
ये ज़मीं क्या है फ़लक ओढ़ के सो सकते हैं

✳✳✳

जो भी हैं हुनरमंद कभी हाथ में उनके
कासा नहीं होता कोई थैली नहीं होती
मेहनत की कमाई का ये एजाज़ तो देखो
मज़दूर की चादर कभी मैली नहीं होती

✳✳✳

कोई दौलत नहीं रखते हैं न धन रखते हैं
ख़ुद को हर वक़्त मुहब्बत में मगन रखते हैं
गीत भी प्यारा है संगीत भी प्यारा हम को
बाँसुरी कृष्ण की मीरा के भजन रखते हैं

✳✳✳

हर एक ज़र्रे का हम एहतिराम करते हैं
बहुत अदब से यहाँ पर कलाम करते हैं
सजा के तुझ को उन आँखों में ऐ ज़मीन-ए-वतन
मुहब्बतों से तुझे हम सलाम करते हैं

***

न हो जवाब तो कोई सवाल मत करना
ख़मोश रहना कभी अर्ज़-ए-हाल मत करना
जिन्हें नसीब नहीं एक वक़्त की रोटी
तुम उनसे ज़िक्र-ए-हराम-ओ-हलाल मत करना

***

सामने हक़ के तो बातिल कभी ठहरा ही नहीं
ज़ालिमों की किसी तादाद से क्या होता है
हौसला रखते हो तो छीन लो बढ़कर तलवार
ज़ुल्म के सामने फ़रियाद से क्या होता है

***

मैं काम आऊँ वतन तेरी अज़मतों के लिए
यही तमन्ना मुझे बेक़रार करती है
ये आरज़ू है कि मैं उस मुकाम तक पहुँचूँ
जहाँ हयात मिरा इंतज़ार करती है

***

दहन में अपने जो सच्ची ज़बान रखते हैं
वो अपने ज़ेर-ए-क़दम आसमान रखते हैं
उन्हें नसीब न होगी यक़ीन की दौलत
जो रब के बारे में वहम-ओ-गुमान रखते हैं

***

वो आला ज़र्फ़ हैं आला मिज़ाज हैं उनके
दिलों पे उनकी हुकूमत है राज हैं उनके
जो टोपियों ही सलीक़े से सर पे रखते हैं
वो टोपियाँ नहीं सर पे ताज हैं उनके

***